U0137258

尼采幸福語錄

走近尼采，閱讀尼采，瞭解尼采，
進而從他的思想中汲取有益的營養，變成自己的財富。

李靜——著

序言

　　弗里德里希‧威廉‧尼采（1844年10月15日－1900年8月25日），出生於普魯士一個鄉村牧師家庭。對於這位天才的哲學家，你瞭解多少？他的著作你讀過多少？他的思想你領悟多少？他的言論對社會有什麼作用？一百多年前的他對我們現在的生活有什麼影響？

　　相信提到尼采這個名字，大多數人都不陌生，大概都知道他是西方現代哲學的開創者，還是一個著名的散文家和詩人。但是，相當一部分人對他的瞭解僅限於此，沒有進一步深入探討他的意義何在，他對我們今天的生活有什麼啓示，與大家的幸福生活有多少關聯，恐怕也祇有少數做學問的人深入研究過他的著作、思想。這本小書的一個用意就是希望引導更廣大的人群走近尼采，閱讀尼采，瞭解尼采，進而從他的思想中汲取有益的營養，變成自己的財富，變成反思和應對我們今天這個急速變化、壓力重重的所謂現代社會的精神資源。

　　尼采於1872年發表了他的第一部著作——《悲劇的誕生》，這雖然是一部哲學專著，但讀起來卻有著散文詩般的優美。他的語言仿佛是從胸腔中噴發出來一般，充滿著激情、活力。他才華橫溢、思想超前、妙語連珠，但有時讀起來又不太好懂，需要反復琢磨，方能體會其真正意圖，這就是他的風格。之後，大師又寫了一系列的作品，

如《不合時宜的考察》、《快樂的知識》、《查拉圖斯特拉如是說》、《善惡之彼岸》、《看哪，這人》、《論道德的譜系》等等。其著作中的經典語句俯拾皆是，本書從中摘取一部分，和大家共同學習、切磋。

儘管他的作品頗多，但他的哲學主題是永恆的生命意義探索。認真讀他的每一本書，你會發現對生命的思考是他一直關注的中心，對人的關懷勝過一切。他熱愛藝術，推崇自然，醉心於一切自然的東西，認為「脫離了自然的藝術不能稱其為真正的藝術」。他拋棄世俗觀念，對虛偽道德的批判鞭辟入裡，提倡建立一種更崇高的道德。對人間最自然的感情——友情、愛情，提出獨到的見解，就連大家都熟悉不過的夫妻矛盾，他也能總結出一套自己的理論，他說：「同樣的情緒激動在男人和女人兩方，畢竟在速度上是不同的，因此，男人和女人不停地彼此誤解。」對於友情，他的要求是極高的，看得也非常透徹。人，祇有瞭解自身，才能更好地生活。尼采也用了很多筆墨思考自我，思考人生，思考人生存的本質。他提出：「我們應當自由、坦蕩，從清白無辜的自我本位發展自己，強盛自己！」主張給心靈以自由，重視自我，減少束縛。在當時有些人的眼中，尼采無疑是一個「瘋子」、「怪胎」，然而實踐證明，這個所謂的「瘋子」，恰恰是最經得起時間檢驗的「智者」。作為百餘年來

最偉大的人物之一，他的智慧語錄有許許多多，比如說如何對待痛苦、名利、敵人，如何與人交往，怎麼看待一些司空見慣的生活細節，他都用充滿智慧的言論向世人訴說。有人說態度決定高度，這句話用在尼采身上也是完全正確的，他有自己的一套生活哲學，總體來說他的生活態度是積極、樂觀的，主張人們保持自信，鼓足勇氣，明智取捨，理性對待失敗，用淡定的心態面對人生。此外，對於生活中的一些見聞、經歷、感受，尼采也發表了自己獨特的看法，這些在本書中均有涉及。

尼采在生前是孤寂的，也是渺小的，理解他的人寥寥無幾，這些源於他思想的超前性。然而在後世，他的才華被極大地挖掘出來，無窮無盡的人從他的思想中汲取營養。尼采對後世的影響是鉅大的，他的地位也是崇高的。

在繁忙的現代生活中，希望這本書能給你的生活以有益的調節，在你思想混沌的時候，它能夠給你一點警醒和反思的空間。總之，這本小書如能給予廣大讀者朋友一點幸福的啟示，就是對編者的極大肯定和支持。

目錄

第一章● 生活態度 · *1*

第四章● 婚姻與愛情 ● *57*

Nietzsche

5

生活態度

你的趣味改變了嗎？

歷史上「楚王愛細腰，宮女多餓死」的故事大家都耳熟能詳；同樣的，當唐玄宗李隆基喜歡楊貴妃的豐腴之美時，豐腴就成了當時的流行、時尚，整個唐代都以豐滿為美。

今天，當某種東西突然流行起來時，很多人也會不經思考，盲目地追隨、模仿，穿衣、買房、求學、出國、購物等等方面都是如此。在這個跟風已成為時尚的年代，你的趣味改變了嗎？

大眾趣味的改變比觀點的改變還重要，觀點的改變祇是「改變了的趣味之徵兆罷了」。

大眾的趣味是怎樣改變的呢？是由於權貴和社會聞人恬不知恥地貫徹己意，陳說他們喜歡或厭惡的評價標準並強迫他人接受，由此慢慢變成多數人的、最終變成大家的風氣了。（《快樂的知識》）

這個世界固然多元，但擁有自己的價值觀永遠都很重要。

關於痛苦

佛說人生有八苦，有生苦、老苦、病苦、死苦、怨憎會苦、愛別離苦、求不得苦、五陰熾盛苦。這八苦涵蓋了人生百味。社會發展到今天，人們依然不能擺脫痛苦，甚至還呈有增無減之勢，原因是什麼呢？人們的欲望在不斷膨脹。

人和時代對痛苦即對心靈和肉體痛苦的認識不同，這是區分人與人、時代與時代的無可替代的標識。

時下人們與過去的人相比，對痛苦的憎惡可謂刻骨銘心，對它的非難遠勝於當時，覺得痛苦的存在——不妨說是理念中痛苦的存在——幾乎無法忍受，從而譴責整個世界失去天良。（《快樂的知識》）

我想，這是現在的人生活得太幸福了，他們對痛苦完全缺乏體驗，或者說不知道什麼是真正的痛苦。在恐怖時代，人們對痛苦有著豐富的歷練。而在這個和平時代——

生活的閒雅和輕鬆使得心靈和肉體的小痛苦看似充滿血腥味的凶神惡煞，其實那痛苦就像蚊子叮咬一般，況且在所難免，而且由於人們缺乏真正的痛苦體驗，生活的

閒雅和輕鬆又使得普遍的痛苦理念像是無以復加的痛苦似的。（《快樂的知識》）

尼采精辟地指出：診治「痛苦」的藥方便是痛苦。

當你經歷了苦難的磨煉後，再有痛苦來臨，你便會無動於衷，或者沒那麼痛了。這就像是一座攔河大壩，經歷了狂風鉅浪的衝擊後仍安然無恙，那麼再有小風小浪，還算得了什麼。

避免鄙俗

人人都向往高雅，高雅的東西往往更美好，具有更強的生命力。與高雅相對的就是鄙俗，鄙俗的東西常常是短暫的、經不起時間考驗的。

鄙俗性從何而來呢？是缺乏羞恥心嗎？是鄙俗之物十分自信才堂而皇之登場嗎？正如同樣鄙俗的音樂和小說中某些高雅、嫵媚、激情的東西一樣嗎？

同精良的審美情趣一樣，粗鄙的審美情趣也有其權利，當它成為一種大的需求，一種自信的滿足，一種通俗的語言，一種叫人一看就懂的面具和姿態時，它甚至比精

良的審美情趣還有優先權;而經過遴選的精良的審美情趣總是包含探索性的、嘗試性的東西。對它並無確定性的理解,但它永遠不是、現在和過去從來都不是通俗化的!(《快樂的知識》)

每個人都有選擇高雅的權利,也有選擇鄙俗的自由,全看個人品位。

光明與黑暗

有人看到閃閃發光的太陽,有人則祇看到太陽上的黑子;不同的人看問題的角度不一樣,得出的結論自然也會千差萬別。

就拿思想家來說,他們是人類前進的指明燈,看問題總是顯得深刻,有遠見,但是他們的著作和文章也是千差萬別的。

一部分人把光明集中在書裡,這光明是他們從自己明晰的認識中偷來的;另一些人祇把黑暗寫在書裡,那是破曉前在他心靈中形成的灰與黑的複制品。(《快樂的知識》)

保持自信

自信是一種素養，更是成就一番事業的前提條件，毛澤東有詩云：「自信人生二百年，會當水擊三千里。」他不僅自身是一個有著高度自信的典範，還用詩句激勵後人樹立信心。

然而現實生活中——

自信的人並不多，在少數自信者中，有些人的自信實際上是盲目的，或者思想不清晰。

另一些人無論做什麼，好事也罷，大事也罷，首先務必同潛藏於內心的懷疑者爭論一番，直到說服這個懷疑者。不過這樣做是需要幾分天才的。這是一些不自滿的人，很了不起。（《快樂的知識》）

李白懷著「天生我材必有用，千金散盡還複來」的信念，吟唱著「仰天大笑出門去，我輩豈是蓬蒿人」，瀟灑地度過了他的詩酒人生，自信的豪情在他的身上揮灑得淋灘盡致。

自信，能夠激發我們的勇氣，最大限度地發掘我們的才能。是的，祇要你願意，自信會伴隨你，為你的前行保駕護航！

允許反駁

大文豪伏爾泰曾經說過：「我不同意你的觀點，但我誓死捍衛你說話的權利。」這句話體現的是一種寬容，代表了一種高度。

允許反駁是文明的高尚標誌。有些人甚至知道，高等一點的人希望並鼓勵別人反駁自己，以便得到指教，認識至今尚未認識的錯誤。（《快樂的知識》）

能夠接納不同的觀點，允許別人的反駁，需要一種雅量，那些心胸狹窄者是無論如何也做不到的，那些文明未發展到一定程度的民族也是難以做到的。

向藝術家學習

大家都有這樣的感覺，看似平凡無奇的東西，一經藝術家之手，就變得魅力無比、價值不菲了。

「我們有什麼辦法可以把本來不美、不吸引人、不值得貪求之物變美、變得吸引人、變得令人貪求呢？」尼采問。這就要向藝術家學習了，他們不斷致力於這類藝術的創作。

與事物拉開距離，直至看不見它們；或者為了看清事物而補看；或者變換角度觀察，從橫截面觀察；或者把事物放在某個地方使其產生部分變形和偽裝；或者做透視法觀察；或者用有色玻璃觀察，在夕陽餘暉裡觀察；或者賦予事物一層不完全透明的表層。凡此種種，我們都應向藝術家學習。（《快樂的知識》）

倘若你能够遵循此理，用不同的方式觀察生活、體驗生活、做生活的創造者，那麼你的生活也必將成為美麗的、吸引人的藝術品。

在失敗中體驗幸福

事事順心、擁有成功的人是幸福的，而那些經常失敗、萬事不順的人也能體驗到幸福嗎？

有這樣一個人，凡是他計劃或決意做的事情，基本上都失敗了，他也曾沮喪過、絕望過，被失敗逼到了懸崖邊。你們以為他很不幸吧？

令人想不到的是——

他早已打定主意：不必過於看重自己的希望和計劃，

他對自己說：「這個失敗了，也許那個就會成功；總體上看，我對失敗的感謝應超過對成功的感謝。我是否生來就是固執的人、頭上長角的人呢？我的生活價值、生活成果在另外的地方，我的自尊心和痛苦也在另外的地方。我從生活中明白了更多的東西，就因為我常常差點失去生活，也正因為這樣，我比你們所有的人從生活中得到的東西更多！」（《快樂的知識》）

聽了他說的話，我們不得不承認，這個表面上經常失敗的人，在內心是幸福的！

選擇即拋棄

當你選擇某件東西的同時，也就意味著你拋棄了某件東西。正如藝術家那樣，選擇了這個素材，就意味著放棄那個素材。

「別幹這個！你死心吧！」這類否定性的道德說教最令人討厭。尼采說：「使我稱意的道德是促使我幹某事，而非阻止。」凡專心致志、心無旁鶩地做一件事的人——

他就一個接一個地拋棄不屬於這生活的東西，今天眼

看這個、明天又眼看那個與他告別，猶如輕風拂動樹梢時紛紛飄落的黃葉，但他毫無怨尤。

他根本無暇顧及這些東西的離去……他的眼睛祇盯著自己的目標，永遠前瞻，不旁騖，不後顧。（《快樂的知識》）

我們的行動決定我們拋棄什麼，我們在行動中拋棄。這不是「刻意追求貧乏」，而是「不喜歡那些屬於否定性質的道德」。

思考自身

所有宗教的創始人以及與他們類似的人都談不上誠實。他們向來不是以自身的經歷和體驗認識事物。（《快樂的知識》）

他們從來不曾問過：「我到底經歷了什麼？當時在我內心、在我周圍發生了什麼？當時我的理智清醒嗎？我的意志是否排除了感官的迷惑、勇敢地抵制了幻想？」後世那些信徒們也不這樣問，他們祇是完全地聽信前輩們的思想學說。

如果你是一個追求理性之人，則要時常對自身的經歷加以觀察和思考！

生活是求知者的試驗田

對樂觀者來說，生活是等待馳騁的疆場；對悲觀者來說，則是充滿荊棘的荒野。樂觀之人對生活充滿希望；悲觀之人則對生活百般抱怨。不同的人，對生活的態度也不盡相同。

「生活是獲取知識的途徑。」心裡有了這一原則，人就不僅勇敢，而且也活得快樂、笑得開懷！」（《快樂的知識》）

生活如女人

有人說，生活就像一碗白開水；有人說，生活就像一杯苦咖啡；還有人說，生活就像一件美麗的華袍，上面卻爬滿了虱子。每個人的眼中，生活的感覺都不相同，個人都祇看到了各自的一面。那麼，怎麼樣才能看到生活的全部呢？

我們必須站在合適的地方觀察，我們也必須把紗巾從心靈的制高點揭去，心靈需要外在的表達，以便獲得一個支撐點並掌握自己。

　　我以為，一切美好事物，不管是作品、行為、人，還是大自然，其極巔至今仍不為大多數人所瞭解，甚至對最優秀的人物也隱而不彰。極巔即使顯露了，也祇顯露一次。

　　世間充滿美的事物，然而它們得以展露的美妙時刻實在罕見。（《快樂的知識》）

　　這就是生活，它的最大魅力也在於此。生活就像女人，它「蘊含著希望、抗拒、羞澀、嘲諷、同情、誘惑⋯⋯」

送人玫瑰，手留餘香

　　一天早晨，蘇格拉底起床後，看到朝霞滿天，不禁感嘆道：

　　偉大的太陽啊！若是你的光輝不照耀人們，你又有何幸福可言呢！十年來，你每日登臨我的穴居處。倘若沒有

我，沒有我的鷹和蛇，你大概早就厭倦你的光輝和你來我處的這條路徑了。每個黎明我們將你等候，欣然接受你充沛的光明，並虔敬地為你祝福。（《快樂的知識》）

人們因太陽給人間帶來光輝而感謝它，太陽因人們的守候和祝福而不感到重複升起落下的厭倦，多麼和諧的關係。

人與人之間也是這樣，正所謂送人玫瑰，手留餘香。

看到別人的長處

也許，人的天性中就有一種自戀的成分。很多人都有這樣一種習慣，看自己什麼都是好的，看別人怎麼都不順眼，經常發生「以己之長，攻人之短」的事情。

凡是不願意看到別人長處的人，總是一眼就看到別人不如自己之處。（《善惡之彼岸》）

這樣的人無異於井底之蛙，祇會坐井觀天，看不見別人的長處，不知道從別人身上學習優點，自身永遠也得不到提高。

不幸者之幸運

　　在所有的傷害和損失中，更低下和更粗鄙的靈魂比高貴的靈魂更幸運：後者的危險一定很大，考慮到它的生存條件的複雜性，它遭到不幸和毀滅的可能性，實際上是極大的。一隻蜥蜴失去了尾巴可以再長出來，而人卻不是這樣。（《善惡之彼岸》）

　　真的是這個道理，顧忌得越多，失去時傷得就越深；擁有的越多，意味著失去的可能性就越多。人生在世，幾多歡笑，幾多惆悵，與其事事在意，事事勞心，不如什麼都看淡一點，灑脫一點，人生會輕鬆很多。

以淡定的心態笑對人生

　　世界在我看來是一位上帝的夢和詩詞，一位神聖不滿的人眼前的五彩煙雲。

　　善與惡，喜與悲，以及我與你——它們在我看來都是創造者眼前的五彩雲煙。創造者想從自己身上把目光轉過去——於是乎，它創造了世界。（《查拉圖斯特拉如是說》）

人之所以信仰上帝，是因為在困難面前感到無助，而殊不知，人所謂的喜怒悲樂皆出自於上帝之手。創造世界者將苦難和不完美轉嫁於人類，從人類的膜拜中找到自己存在的意義。因此，人生本就是一場戲劇，祇是悲劇或者喜劇的結果可能就不那麼重要了。若我們以淡然的態度對待人生，做好自己的角色，我想最後的結局應該是喜劇吧，因為淡定的心態已經決定了結局的走向。

　　佛家所曰「空即是色，色即是空」即是此理。一切形色萬物其實都在無形和有形之間，當你已經不在意這些虛幻，寵辱不驚而笑看滄海，那誰又敢說你的人生不精彩、不成功呢？

勇氣助你成長

　　渴望成功的人們本能地懼怕失敗和挫折，可人生中的種種困難可以作為你不成功的擋箭牌嗎？貧窮是不是失敗有力的借口呢？那麼，疾病、身體的缺陷呢？

　　不，這些都不是不成功的借口，因為勇敢的人們一次又一次地證明這些都祇是膽怯者的口頭禪。

　　心靈成熟的人不會陷於自己的困難當中，不會氣憤，不會絕望，也不會逃避，尼采說他們身上有「一種稱之為

勇氣的東西：迄今為止它一直為我屠殺著每一道沮喪」。

不成熟的人卻隨時都能把自己與眾不同的地方看成自己的缺陷和障礙，沒有面對自己的勇氣，即使那是他們的優勢。

勇氣是最好的屠殺者——勇氣實施攻擊：因為在每一個攻擊中都有勝利的號角，他甚至屠殺了死亡本身。（《查拉圖斯特拉如是說——幻象與謎》）

像駱駝一樣跪下

可是人類自己才是唯一難以忍受的！這其中的原因是他肩膀上負載了太多身外之物。像駱駝一樣地跪下，讓他自己很好地承載。

他讓自己身上背負了太多身外的語言和價值——於是生命在它看來是一片沙漠！（《查拉圖斯特拉如是說》）

人生在世，沒有幾個是諸事順利、輕輕鬆鬆地就過完一生的。太多的人，承受太多的挫折，背負了太多的重壓，有些是自身造成的，有些是外界帶來的。總之，一切的一切堆積起來，壓在我們的肩上，使我們的脊樑彎曲，

心靈愚鈍，看不到生命的綠洲。

　　人啊，不要把背囊裝得太重，自己給自己減負吧，「赤條條來去無牽挂」，不要顧慮太多，計較太多，否則一定會不堪承受生命之重。

堅定自己的路

　　可是我仍然以我的思想超過了他們的腦袋行走；即使我會踩著我自己的錯誤行走，我也仍然超過了他們以及他們的腦袋。（《查拉圖斯特拉如是說——學者》）

　　堅定地走自己的路，不隨波逐流，讓自己的獨特性得以彰顯，當然，這是多麼的需要勇氣。當我們身處陌生的環境中，且無經驗可以參考時，最好的方法就是順應他人的做法，以求得認可，雖然我們因此獲得了一時情緒上的滿足，卻也時時會干擾我們心靈的純淨。我們成了大眾的應聲蟲，無立場，無觀點，把自己的個性留在大眾的路上任人踐踏。這不僅是個人的悲哀，也是人類的悲哀。

　　看，我們生活在一個多麼「幸福」的時代，充滿了專家。我們的信心在依賴「專家」的權威性中逐漸喪失，以致我們像綿羊一樣不能提出意見或堅持己見。我們苦苦追

求的安全感，在順應環境中變成了環境的奴隸。你可曾發現，我們因此而迷失，不知生命之意義何在！

人的真正自由，應當是接受生活的各種挑戰，是要不斷奮鬥並經歷各種爭議，人格的完整是在承受苦難並達到卓越之境地中實現的。人們祇有在找到自我的時候，才會明白自己為什麼會來到這個世界上，要做什麼事，以及以後又要到什麼地方去等這類問題。

走自己的路，並借以追求自己、家人、朋友，甚至全人類的幸福。即使我們跌倒了，也跌倒在眾人的上方。

傲視困境

人生路上，恐懼、深淵、災難……不一而足。人生的競技場上，誰能最終勝出，勇氣是必不可少的因素之一。

我們都知道安逸是深淵的魔爪，磨難是天堂的階梯。雄鷹祇有經歷了折翅之痛後，才能翱翔藍天；蠶蛹祇有破繭之後，才能變身美麗的蝴蝶；青花瓷祇有經歷了雕刻和灼燒之後，才能釋放迷人的魅力。

誰明知恐懼而制服恐懼，誰看見深淵而傲然面對，誰就有決心。誰用鷹眼注視深淵，用鷹爪摳住懸崖，誰就有

勇氣。（《形而上之弗里德里希之凌晨》）

拿出你的勇氣，傲視困境，勇往直前吧，勝利在不遠的前方向你招手。

有所取捨

對財富的喜愛，以及對於知識的喜愛，是推動地球的兩種力量，其中一種力量增加了，另一種力量勢必減弱。（《形而上之弗里德里希之凌晨》）

人若過於醉心金錢、財富，勢必會疏於對知識的學習；反之，一個一門心思求知的人，成為富翁的可能性也不會大。

與真理無緣的原因

世上不是缺乏真理，而是缺少發現真理的眼睛；不是缺少發現真理的眼睛，而是缺少發現真理的勇氣！

在生活中，我們也許親身經歷過，沒有經歷過也一定看到過或聽說過這樣的事情——

某人看到某人引人矚目的東西轉身就跑，對自己說：「你受騙了！你的感官到哪兒去啦！這不可能是真的！」於是，他不再做更仔細的觀察、更敏銳的傾聽，而是像受到驚嚇一般，退避三舍，竭力儘快將此物忘卻。他內心的準則是：「凡與普遍觀點相違背的東西，我都不要看！」（《快樂的知識》）

這樣的人，即使與真理祇隔一步之遙，也不會發現真理，他甚至不相信自己有發現真理的資格。

這算一種謙卑的態度嗎？如果算的話，也祇能是「愚蠢的謙卑」，「人一沾上它，就永遠成不了認知的高手」。

青年人的熱情

有人說，青年人的力量隨時處於可能爆炸的狀態。他們有著滿腔熱血，在做出決定時，往往憑的是一時意氣，並非都是精心選擇、深思熟慮。

吸引青年人的東西是做某件事的熱情——宛如燃燒的導火線，而非事情本身。所以，精明一點的誤導者善於向

青年人許諾爆炸，而免談幹事情的理由；若談理由，他就得不到這些火藥瓶了！（《快樂的知識》）

請勿誤了前進的腳步

當人們憑空捏造了一個理想世界的時候，也就相應地剝奪了現實性的價值、意義和真實性。迄今為止，理想這一謊言統統是降在現實性頭上的災禍，人類本身為理想所蒙蔽，使自己的本能降至最低限度，並且變得虛偽──以致朝著同現實相反的價值頂禮膜拜，祇因受了他的欺騙，人類才看不到繁盛、未來和對未來的崇高權利。（《看哪，這人》）

和現實對立的就是理想，理想是美好的，也是容易讓人著迷的，而過於迷戀於理想的虛幻，勢必會耽誤現實的腳步。

無形之手

如果我希望以手搖撼這棵樹，我將不能做到。可是風，我們看不見，它卻隨心所欲地攪擾並彎折它。我們的

痛處就在於被看不見的手彎折和搖撼。（《查拉圖斯特拉如是說——山上之樹》）

正所謂「明槍易躲，暗箭難防」。光亮下的敵人不可怕，可怕的是明知有危險存在，卻不知它在哪裡、該如何防備。

學會觀察，擁有一雙慧眼吧，看到那些不易被發覺的隱藏的東西，方可使自己時時處於安全的境地。

第二章

道德與虛偽

虛偽的責任

提到責任，人們就會覺得那是一個關於正義的褒義詞，似乎責任就意味著付出，意味著奉獻，意味著犧牲。如果這樣認為，那你就錯了。

革命的政治家、社會主義者、基督教和非基督的布道者——無不異口同聲地奢談「責任」，而且是絕對的責任。倘若沒有「責任」這個東西，他們就無法產生彌天的激情，對此，他們自然是清楚的！

任何人都覺得需要最強有力的言辭和聲音、最雄辯的姿態和表情，這樣方可影響他人。

因為他們要讓別人絕對相信，所以必先絕對自信，其根據便是某個不可言明、但本身又很崇高的信條。他們感到自己是這信條的僕從和工具，並決意為這信條盡責。（《快樂的知識》）

在利益驅使人們屈從而名譽又不允許屈從的地方，那種「虛假的責任」就暴露無遺。時刻把責任掛在嘴上，即使虛偽得一戳就破，但還是要矯揉造作地標榜下去。

至善有害

通常，人們會把那些領導革命的偉人，即歷史上所謂的強者，當成英雄，把他們當神一樣供奉，他們真的像想象中那樣偉大、高尚嗎？看看尼采怎麼說：

強者祇顧推著我們向前，致使我們弱者無法堅持，我們終會死在他們手裡。對於這一結局，我們雖有預見，但卻無力改變。於是，我們對於自己身上本該受保護的東西也變得殘酷了。我們的偉大即是我們的冷酷無情。（《快樂的知識》）

人們祇看到了偉人的所謂功績，卻沒有看清他們的有害之處。

正是由於他們的至善，由於祇有他們能做的事，才使許多弱者、不穩定者、成長者和理想者走向毀滅，因此偉人是有害的。

也可能出現一味造成損害的情形，因為他們的至善祇被那些失去理智和自我的人所接受，像飲烈酒一樣將其喝光，於是酩酊大醉，走上錯路，摔得支離破碎。（《快樂的知識》）

虛僞的保守者

在法國，當有人開始為亞里士多德所倡導的古典戲劇「三一律」而鬥爭和辯護時，我們再度看見那時常可見又不願見的一幕：為了讓某些舊的規則繼續存在，人們就為自己編造理由，而絕不承認習慣於舊規則的統治，也不承認不希望有新的規則出現。在每種占統治地位的道德和宗教內部，人們也如法炮製，古今皆然。當有人開始對習慣產生爭議，並問及理由和目的時，人們就要在習慣後面補充，添加理由和目的。

歷代保守者的偉大虛僞性就在於此，他們是作補充說明的騙子！（《快樂的知識》）

像這樣的「保守者」，現實生活中不乏其人，祇是人們已經見怪不怪罷了。

名人的本性

在這個媒體極度發達的時代，社會幾乎成了名利場，人人都想出名，人人都想高高在上、不甘居於他人之下。那麼，你對名人的認識有多少呢？

他們擇友從來都是私下打算的：從這個人身上獲取美德的光輝，從那個人身上拿來某些耳熟能詳的個性。

名人總是在窺探和物色身邊所需要的人，一會兒是幻想家，一會兒是行家裡手，一會兒是想入非非者，一會兒是學究。這些人宛如他們的替身，可是未久即被一腳踢開。如此這般，名人的周圍便不斷出現無人的空白，但同時又有一些人不斷蜂擁而至，想變為名人的「個性」。於是，這兒總是熙來攘往，一如通都大邑的繁忙。（《快樂的知識》）

名人無不擅長表演，就像演員一樣富於變化，在社會這個大舞臺上，一副面孔接著一副面孔不斷地變換，「他們一會兒把這種，一會兒把那種真實的或杜撰的個性搬上舞臺」，當然，這都是為了名望的需要。

致現實主義者

那些自認為頭腦清醒的所謂的現實主義者們，「總以為自己是全力反對激情和幻想的，總樂於從自己的空虛中製造豪情和矯飾」。他們一再向世人暗示，世界就是這樣實實在在呈現在他們面前的，世界祇在他們面前才揭下面

紗，而他們才是世界的精華。

現實主義者們，你們未免太過狂妄自大。

對我們來說，並不存在什麼「真實」；對那些所謂的現實主義者們也不存在。我們之間的陌生程度並沒有他們想象中所認為的那樣大。（《快樂的知識》）

現實主義者們，你們就放下虛偽的面具，真實地面對自己，面對世界吧。

關於祈禱

人為什麼要祈禱？祈禱有什麼價值？

祈禱是專門為那些根本沒有自己的思想、不知如何提升靈魂的人而設的。在生活的神聖場合、在要求安寧和莊嚴的場合，如何使這些人自處呢？至少不要讓他們起干擾作用。（《快樂的知識》）

於是，形形色色的宗教創始人就發明了祈禱這一靈丹妙藥，祈禱時，手、眼、腳都有固定的擺放姿勢，精神處

於高度緊張狀態，「一門心思要升華自己的思想」。

不必要的悔罪

　　基督教認為，人生下來就是有罪的，它要求人們時刻懺悔自己的罪行。

　　而古希臘是沒有罪惡感的世界，古希臘人覺得祇有奴隸才會時時想著悔罪，基督教的訓誡在他們看來是十分可笑的。

　　他們認為即使犯罪也有犯罪的尊嚴，比如普羅米修斯的偷盜、阿亞克斯的殺生——發洩其瘋狂的嫉妒。他們給犯罪的動機虛構尊嚴並獲得尊嚴，從而上演了悲劇。（《快樂的知識》）

　　人類何罪之有？沒有罪過，為何要悔罪？

激情兩面觀

　　基督教推崇禁欲主義，要信徒們過一種苦行僧似的生活，因此，對激情是十分抵制的。

保羅（耶穌的十二使徒之一）之流一貫對激情投去惡狠狠的一瞥，視激情為骯髒、倒錯和敗壞心靈的東西，故而，消滅激情成了他們的理想追求，他們祇有在上帝身上才看到激情的純潔性。

而在希臘則不同——

希臘人則不同於保羅和猶太人，其理想追求恰以激情為目標，視激情若拱璧，並加以升華、美化和神化。顯然，他們感覺在激情中比在任何時候都幸福、純潔、神聖。（《快樂的知識》）

吃素食與禁欲

主要食用大米會促使人們吸食鴉片和其他麻醉劑，同樣，主要食用土豆會促使人們酗酒。由此而造成後遺症：思想和感覺的麻木。（《快樂的知識》 ）

這也許沒有科學依據，尼采之所以這樣說，是在影射某些人尤其是信仰基督的人，祇吃素食沒什麼好處，禁欲主義祇會使他們思想落後。

道德的悖論

人們稱讚某人的美德，並不是基於這些美德對他本人有何影響，而是基於它們對大眾和社會有何影響。人們在頌揚美德時，很少是「無私的」、「非自我本位的」！

這是一條亙古不變的道理。

似乎一些捨己為人、犧牲自己照亮別人的人都是美德的化身，提到他們人們就會嘖嘖稱讚，報以讚許的目光，不管是否出自真心。

人們稱頌勤奮的人，卻根本無視此人的視力、思維及創意受到勤奮的損害。

同樣，人們讚揚一個「鞠躬盡瘁」的青年，當他犧牲之後，人們會不勝惋惜，當然——

人們惋惜這個青年不是因為他本人的緣故，而是因為他的亡故使社會失去了一個屈從的、大公無私的工具。

祇要你稍加思考，就會發現，「美德包含一種工具的性質，褒揚美德就是褒揚工具的性質」。無論是誰，祇要

你具備了某種真正的美德，你必然成為美德的犧牲品！

讚美無私者、獻身者、德行者，就是讚美不把自己的力量和理性用於保存、發展、提升和促進自己及擴張權力的人，這樣的人毫不考慮自己，為人謙遜，與世無爭，但對他們的讚美絕非源於忘我的精神！「最親近者」讚美無私，是因為他從中撈到了好處！假若他以為自己是「無私的」，他就應阻止損害個人利益的傾向，更重要的是，他應這樣宣布自己的無私：他並沒有對無私叫好啊！這就暗示了時下正受尊崇的道德的矛盾所在：道德的動機與道德的原則剛好相悖！道德用以證明自己的東西又受到道德標準的反駁！（《快樂的知識》）

享受自由

人是自然的一部分，最美好的生活方式就是遵循本能的召喚，過一種自由自在、無拘無束的生活。

然而有些「道德師爺總是首先囑咐人們要極力克制自己」，他們強調要節制肉體欲望，甚至要求放棄一切世俗欲望，似乎這樣才能實現道德的自我完善，提高自身的精神高度，這無疑是一種禁欲主義的表現。由此導致的後果

是「傳給人們一種古怪的疾病，即類似癢的刺激，不斷對本能的衝動和興趣愛好的刺激」。

這種極端的自我克制，是對人們自然本性的壓抑——

割斷與心靈中最美好東西的聯係，多麼可憐呀！（《快樂的知識》）

鎮痛良方

那些道學家和神學家經常「喜歡向人嘮叨，説人們的身心狀況欠佳，必須進行徹底、艱難的治療」。而治療的方法就是用禁欲主義的生活方式，依他們的理論，就是祇有棄絕激情，才能獲得幸福。

對於那些痛苦的「患病」的人來説——

鎮痛的良方還包括勿忙思考、安靜的環境、美好和痛苦的回憶、意圖、希望、形形色色的自尊和同情，這一切幾乎都能達到麻醉的效果。（《快樂的知識》）

道學家和神學家們鼓吹的一切，祇不過是推銷他們理論的一個陰謀罷了。

道德的外衣

對那些「道德之士」來說，他們宣稱的道德就是他們的外衣，這外衣對他們不可缺少，「他們借助種種道德俗套和正派得體的概念作掩飾」，他們常常把行為「隱藏在義務、美德、集體意識、榮譽和否定自我等概念後面」。

他們用道德偽裝，乃是因為他們業已淪為多病、羸弱、殘缺的動物。（《快樂的知識》）

懲罰的價值

尼采認為基督教道德是一種奴隸道德，它一味強調忍耐，它提倡有愛、仁慈和憐憫等，這些美德成為人們可以容忍生活的手段。這就如同一個酗酒的人，酗酒是為了忘卻，而忘卻的卻是酗酒的羞恥，進入道德虛幻的譴責中。

在尼采看來——

懲罰據說是有價值的，為的是在犯人心中喚起一種負罪感，人們在懲罰中尋找那種能引起靈魂反饋的真實功能，他們把這種靈魂反饋稱為「良心譴責」、「良心懺悔」。（《論道德的譜系》）

論道德

傳統道德否定生命的自然特性，比如說基督教道德，就是一種奴隸道德。

道德自身是一種頹廢的病象……道德是所有頹廢者心理上的特質，是被一種不斷被生命采取敵視態度的欲望所激起的。（《看哪，這人》）

憐憫是基督教道德宣揚的美麗外衣，尼采則認為憐憫具有消極作用，它使人的內在強力漸漸衰弱。

贈予之德

最高的道德是稀有的、無用的，它放著光，色澤柔和：贈予之德是最高的道德。

真的，這種贈予之愛必將變成一切價值的侵吞者，但我把這種自私稱作健康和神聖的。（《查拉圖斯特拉如是說——贈予之德》）

贈予是一種境界，擁有這種最高道德的人也永遠是快樂的。他真正地享受到生命是一種美，他將因贈予而得到

更多的愛。

真正擁有贈予之德的人從不計較「感激」。

忘恩是人的本性，它像隨地生長的野草，而感恩如同玫瑰需要愛心的滋潤及精細栽培。人們都渴望得到愛，但是得到愛的唯一方式就是不索求，相反還要不求回報地付出。如果我們偶爾因贈予而得到別人的感激，那將是一種幸事，若沒有，也不至於難過。因為最大的快樂你已得到：施與而不求回報的快樂。

真正的道德公式

你們也還想要報酬，你們這些有德之人！你們想為道德索要報酬，為大地而索要天空，為你們的今日而索要永恒嗎？

你們愛你們的道德就像一個母親愛她的孩子：可人們何時聽說一個母親想要因她的愛而得到報酬呢？

他們想要用他們的道德挖去敵人的眼睛，他們提升自己祇為可以貶低別人。

還有一些人喜歡姿態，認為道德就是一種姿態。

啊！我的朋友：但願你們的真自身存在於你們的行動中，就像母親存在於孩子中一樣，讓這成為你們的道德公

式吧！（《查拉圖斯特拉如是說——有德之人》）

擁有高尚的道德是因為人性要你成為一個人，一個好人。「性本善」的自身，這種源動力促使我們有德行。

真正的高尚之德是無形的，慷慨的，博愛的，是人的本性中最真、最美的精華。

我們樂於助人，並非為博得這一聲譽，而是因為有人需要我們的慷慨之手，我們也會得到回報——快樂。

我們孝敬老人，是因為他們需要關愛，我們從中學會感恩。

我們熱愛生命，是因為我們本身也是萬千生命之一，我們從中體會到存在的意義。

這些高尚之德的回報已經鉅大，怎敢奢求其他？

若非此心，怎能稱之為「德行」？

保持個性

在他們心中他們祇有一樣東西最想要：那就是無人傷害他們。他們如是迎合每一個人的願望並與之為善。

可是，那是懦弱，儘管它被稱作「道德」。

道德對於他們就是那造成謙遜和馴良的「禍首」：於

是他們把狼造就成狗，把人類自身造就成人類最馴服的動物。（《查拉圖斯特拉如是說——矮化的道德》）

保持你的個性，模仿別人，一切順應他人無異於自殺。

你是獨一無二的，一個人最糟糕的是不能成為自己，讓別人的印記占據自己的身體和心靈。懦弱地順應一切，讓自己變成動物，徹底的馴良者。

我們不需要這種懦弱的道德，渴求安全感卻要以扼殺了真正的自己為代價，實為飲鴆止渴。

當成為玫瑰園中獨有風姿的那一株，生命之美才因此呈現。我們不願被歸類，被定位。自由地奔騰才是自我。

致道學家

提到道學家，對他們有好評的不會太多。道學家除了虛偽，另一個顯著特點就是囉唆，他們習慣「從早到晚訴說道德的幸福，心靈的寧靜，正直、公平和固有的報答」。他們自身能否做到這些姑且不說，單單是他們那不厭其煩的說教，就會致使美好事物淪為街談巷議。然而——

這些東西的金玉外表日後就逐漸褪色，更有甚者，連裡面的黃金也變成鉛塊了。

　　道學家所擅長的不過是煉金術的還原工藝，擅長如何使價值連城之物貶值罷了。（《快樂的知識》）

第三章

自我與思索

從忠於自我開始

人最重要的是保持自我，如果失去了自我，就失去了個性，如果人人都隨大流，人云亦云，那這個世界會變得單調乏味。而保持自我的第一步要從忠實於自我開始。

我們應當自由、坦蕩，從清白無辜的自我本位發展自己，強盛自己！

祇有這樣，才能給心靈以充分的自由。

情欲比禁欲好，比偽善好；誠實，即便是惡意的誠實，也比因為恪守傳統道德而失去自我好；自由的人可能為善，也可能為惡，然而，不自由的人則是對本性的玷辱，因此不能分享天上和人間的安慰。總之，誰要做自由人，必先完全成為他自己。自由不會像神賜之物落在人的懷裡。

尼采曾大聲疾呼：

做個血性男兒！不要跟隨我，而要跟隨你自己，你自己！（《快樂的知識》）

認識自戀

每個人都有自戀的本性，掩飾的深淺程度不同罷了。

我的一切本性都在對我說：讚美我吧，推動我吧，安慰我吧。其餘的，我一概聽不見；或者，即使聽見也立刻忘卻。

我們習慣了自己，對自己的一切感覺都良好，希望得到別人的讚美。但是——

人，祇受同一類型者的讚美！

讚美你的人會對你說：「你真像我！」（《快樂的知識》）

認識自己很重要

認識他人容易，認識自己卻很難。自從「上帝死了」之後，人類成為自己的主人，可惜人類從來不認識自己，認知者本身都不認識自己。

我們這些認知者卻不曾認知我們自己……我們的永恒

定理是「每個人都最不理解自己」，對於我們自身來說，我們不是認知者。（《論道德的譜系》）

尊重自己

在節奏如此之快，競爭如此之激烈的現代社會，不知有多少人面對著生活的壓力而抑鬱寡歡，失去自我，不知何為生命和生活的意義。難道人生一世，祇為了那柴米油鹽醬醋茶而日日憂心，難得一個安穩覺？為了生存而日夜奔波，錯過了作為一個人而應有的歡樂和幸福？

人的「這個自我」，以它的矛盾與昏亂極其誠實地叙説著它的存在──這個在創造，在願望，在估量的自我，就是事物的尺度和價值。我的自我教給我一種新的驕傲，我又把它教給人們：別再把你的頭埋在天上事物的沙子之中吧。相反，自由地扛著它，這陸地之頭，是它將意義賦予大地。（《查拉圖斯特拉如是説──彼岸論者》）

從自身出發，讓自我的感受有些上升，有些超越，越過這世俗的浮雲，留下眾人皆醉我獨醒的萬丈豪氣！一時的失意莫要去理會，更不能因此低估一個在創造、在願望

的自我。因這個自我是生命之根。丟失了生命之根，人豈能如大樹般參天入雲，結出生命之果？

你體內有最優秀的種子，別壓抑它，讓它生長吧。因它，你將不凡。

瞭解世界

我們生活在世界中，那麼世界的特點是什麼呢？

在尼采看來——

世界總的特點永遠是混亂，這並不是說沒有必然性，而是指缺乏秩序、劃分、形式、美、智慧以及一切稱之為美的人性。

它（世界）既不完美，又不漂亮、高貴。它不想變成任何東西，根本不致力於模仿人類！我們的美學和道德的評估休想對它發生影響！（《快樂的知識》）

自找麻煩的個性

有一種人，他們「對一切事物追根刨底，這是一種自找麻煩的個性」。如果你真的把他們看成是自找麻煩，那

麼你就錯了。因為這種習慣——

它叫人總是使勁瞪大眼睛。最終發現的東西要比自己所希望的多得多。（《快樂的知識》）

追根刨底是一種態度，更是一種良好的學習習慣。能夠追根刨底的人，大多都是有嚴謹態度的人。知識在追根刨底中累積，學問在不斷地累積中加深，久而久之，你就會在知識的海洋中自由遊弋。

那些看似自找麻煩的人，其實是善於思考的人！

數學的益處

培根曾經說過：「讀史使人明智，讀詩使人靈透，數學使人精密，物理使人深刻，倫理使人高尚，邏輯修辭使人善辯。」這裡面，作為基礎學科的應該是數學，倫理、邏輯、歷史你可能沒有讀過，但是數學我想大多數人是有所接觸的。

我們要儘可能把數學的縝密和嚴格推廣到其他科學中去，倒不是相信這樣做可以使我們認識事物，而是為了確

定人與事物的關係。（《快樂的知識》）

數學可以作為一種識辨人的工具，因為給我們提供了一種思考的方法，鍛煉我們的思維。

求知者的激情

那些求知欲極強的人，大腦似乎時刻都準備著要接受新事物，獲取新東西，巴不得有三頭六臂，把所有的知識都吸納過來，可惜分身無術。

對於充滿激情的求知者而言——

在這個靈魂裡安住的不是忘我精神，而是貪求一切的自我，似乎要用許多人幫他觀察和攫取的自我，要挽回一切的自我，不願失去屬於他的一切的自我！（《快樂的知識》）

這是一個多麼貪婪的人，貪婪的求知者。

活著怎能不思考

　　那些感嘆知識無用者，一定是缺少某種知識或不懂何謂知識的人。如果擁有一定的知識，還抱怨知識無用，那就是人無用，非知識無用。祇讀書，不思考，那就等於浪費知識。

　　尼采特別強調思考的重要性，在新年感言裡，他這樣陳述道：

　　我依舊活著，我依舊思考；我必須活下去，因為我必須繼續思考。

　　我要繼續努力向學，把事物的必然性視為至美，如此，我必將成為美化事物的人群中的一員。（《快樂的知識》）

　　人啊，活著怎能不思考？

對生的思索

　　在這個繁忙喧囂的世界，太多的人「生活在紛擾的小巷，生活在種種需求、種種雜亂的聲音裡」，以致失去了目標，不知道人生要追求的究竟是什麼，最終在時間的海

洋裡迷失。

眾人認為，迄今的一切皆是虛無，或微不足道，立即將至的未來才是一切，故而才有這般匆遽、呼喊、自我麻木和自我誆騙！人人意欲捷足先登，想成為即將降臨之未來的第一人。

他們卻不知——

死和死的寂靜是屬於這未來的唯一之物，確定無疑的、大家共有之物！

但是，這唯一的確定性和共同性對人幾乎不起任何作用，人們居然遠離那種感覺，即感覺不到他們是死神的弟兄，這是多麼奇怪呀！（《快樂的知識》）

既然走向死亡是每個人的必然的終結之路，那麼何必那麼匆忙呢？正如史鐵生所說：「死是一件不必著急的事，無論你怎麼耽擱，都不會錯過。」

那麼，與匆匆忙忙向前奔跑相比，對生的思索，認真思考生存的意義，是不是更有價值呢？

快樂與憂愁

尼采把人分為不同等級——

上等人與下等人的區別就在於前者比後者見識要廣博得多，而且是一面看和聽，一面思考。

這也是人與動物、高等動物與低等動物的區別所在了。

對於人格高度發展的人來說，世界變得越來越豐富了，有越來越多的利益釣鈎向他拋來，他越來越興奮，種種好惡本能越來越多。

在他們變得越來越快樂的同時，他們的憂愁也隨之越來越多。

他們一直把自己當成生活這出話劇的觀眾、聽眾，憂鬱地沉默著，他們從來沒有意識到自己是創作者、繼續創作者。

要實實在在地創造並且不斷創造現在還不存在的東西，即創造永無止境的世界，包含種種評估、色彩、重量、觀點、階級、肯定、否定的世界。

然而，他們卻——

　　誤解了自己那至善的力量，而且對自己——沉思默想者——低估了一個等級，總不能如自己本可達到的那樣自尊，那樣快樂。（《快樂的知識》）

論忙碌

　　城市的霓虹通宵閃爍，街上的行人日夜穿梭。時下，沒有人說自己不忙的，就連小孩子似乎也有做不完的事情等待著他們，好像已經到了「以休息為恥」的地步。

　　過日子就好比總在「耽誤」事一般。「隨便幹什麼，總比閒著好。」這原則成了一條勒死人性修養和高尚情趣的繩索。

　　由於勞動者的匆忙，一切禮儀和禮儀情感也消亡了，根本無暇顧及動作的節奏了。

　　在與親朋、婦孺、師生、上司和王公貴族的交往中，人們既無精力又無時間來考慮儀式、煩瑣的禮節、交談的睿智，更談不上安詳了。

　　追逐利潤的生活總是迫使人們費盡心機，不斷偽裝，

耍盡陰謀，占得先機。

如果說還存在社交的快樂和欣賞藝術的快樂，那麼這快樂也像是奴隸在工作勞累之後稍為放鬆一下而已。（《快樂的知識》）

如果一個人忙碌得連思考的時間都沒有了，那麼他絕不可能成功。

思考的尊嚴

很久以前，那些所謂的思考者，都是全神貫注、形容枯槁，「思考時是非常安詳的，做出祈禱一樣的面部表情」，甚至還要停下腳步。

當思想「來」時，他可以在大路上佇立數小時之久，用一隻腳或兩隻腳站立。

而現在，隨著生活節奏的加快，人們的思考仿佛也加快了速度。

半途上，行走中，在處理各種事物時均可思考，哪

怕思考極端嚴肅的事情也無妨。我們不需要什麼準備，也不需要寧靜的環境，在我們的頭腦裡有一部不停運轉的機器，它在最差的環境中亦可運作。（《快樂的知識》）

今天，如果人們再看到誰一本正經、姿態異常莊重地思考，一副老式風度的智者模樣，一定會報以無情的嘲笑。

在這個需要保持警醒，特別需要思考、尤其是嚴肅的思考的年代，思考卻失去了形式上的尊嚴。

思考的本質

我們通常認為，思考就是冷靜地、理性地分析事物，與本能是相對的。斯賓諾莎（荷蘭哲學家，西方近代哲學史上重要的歐陸理性主義者——編者注）曾有這樣一句話：「不要笑，不要哭，不要詛咒，而要思考。」十分樸實，卻能引發思考。

思考與前三者有什麼不同呢？「它是嘲笑、埋怨和詛咒這些相互對抗的本能欲望所產生的結果嗎？」在尼采看來——

產生一種認識前，每一種本能都必然首先對這一事物

或所發生的情況提出單方面的看法，然後，各種單方面的看法彼此進行鬥爭，在鬥爭中進行折中，達到平衡和各方的認同。

因此，思考實質上就是──

一種和解的、公平的、良好的、本質上與本能完全相反的東西，祇不過是各種本能相互之間的某種關係罷了。（《快樂的知識》）

求知者的建築學

隨著教會壟斷沉思的時代的結束，宗教建築物也應從歷史的舞臺上退出了──

這類建築說著冷漠而拘束的語言，它們是上帝之家，是超自然的豪華交際場所。

無神論者置於其中是不能產生自己的思考的，尼采主張──

建築物及其設施作為整體，要表現出自我沉思的莊嚴

與崇高，它是靜默、寬敞、龐大、沉思的場所，附設的高大長廊，適宜於任何天氣，無車馬之喧，無喊聲盈耳，即使是神父大聲祈禱也不允許，也不能為這建築的高雅神韻所容。（《快樂的知識》）

宗教的高明之處

世界上各色各樣的宗教有很多，但實質都類似，就是找到一種生活模式，並闡釋它。

某種生活模式通常已經存在，人們祇是不知道它與其他生活方式相比，其價值如何罷了。

宗教創始人的真正發明，一方面是找到了一種特定的生活模式及道德習俗，並使之成為準則，消除人的厭世情緒；另一方面是闡釋這種生活模式。

於是，這生活散發出最高的價值光輝，成為人們為之奮鬥、有時甚至獻出生命的至善之物。（《快樂的知識》）

耶穌發現了一種「簡樸、崇尚道德且壓抑的生活」，他賦予其至高無上的意義與價值。

釋迦牟尼同樣也發現了一種生活方式，無欲無求、相信因果報應、節制的生活。

第四章

婚姻與愛情

更年期的疑心病

女人天生敏感，到了更年期，疑心病就更重了。絕大多數的女性都會經歷這個階段，嘮叨、健忘、煩躁、神經質、無緣無故地發脾氣。不僅現在有這種現象，十九世紀的尼采也發現了女人的這個特性，祇是那時候沒用「更年期」這個詞罷了。

我擔心女人年紀一大，其內心比男人的疑心更重，把存在的表面當成存在的實質，而一切美德和深層的東西反倒被她們認為是這「真實」的遮羞布，是既體面又羞恥的東西，僅此而已。（《快樂的知識》）

更年期的女人是一座隨時可能爆發的活火山。祇是，如何面對、克制、避免卻是一門生活的藝術了。

貴婦人的可悲

在歐洲，從古代到近代，有一種成年女性，她們身份顯赫、有一定財產、處於上流社會，從小接受嚴格的禮儀訓練，長大後諳熟社交禮儀，輕鬆周旋在各色人物之間。她們就是所謂的貴婦人。

通常，貴婦人給人的印象是漂亮、優雅、有風度，各方面都堪稱完美。但是，在尼采看來，貴婦人非但不完美，甚至是無知、骯髒、卑下的，她們的思想是貧乏的。

為了表示衷心的奉獻，她們就獻出貞操和羞恥心，此外就不知其他。她們獻出的自是最寶貴的東西，這種饋贈也常常被人接受。不過，接受者所負的責任並不像奉獻者預想的那樣深切。這實在是異常可悲！（《快樂的知識》）

那些人和貴婦人個個不過是逢場作戲，在那每人都戴著面具的社交場，頗乏真感情，人人都心照不宣。

女人的傷痛

在愛情中浮浮沉沉，分分合合，千迴百轉，因此傷害在所難免。感情的世界裡，沒有誰對誰錯，祇有適合不適合。一段感情走向終結，女人們恢復較慢，常難以痊愈。

尼采給我們講了這樣一個故事：

有人領著一個青年來到智者面前，說：「瞧，這小伙

子被女人毀了！」智者搖頭微笑，嘆道：「是男人把女人毀了。」凡女人所缺少的東西都應在男人身上得到補償和改進，因為是男人為自己設計出女人的形象，女人再按這形象來塑造自我。（《快樂的知識》）

戀愛的過程中，女人通常為了心愛的人，會改變自己，竭力成為他想要的那種類型，可當她真的變成了那種類型，男人又借口說她失去了自我、沒有了個性。

男人們哪，你們需要女人的寬容和理解，可是對於女人來說，「誰給她們撫慰和寬容呢？」

男人的本性是意志，女人的本性是順從，這就是兩性的法則！（《快樂的知識》）

無疑，這是一個對女人殘酷的法則！

矛盾的教育

在大家閨秀所受的教育中，著實有許多令人驚訝和奇怪的事，也許再也找不出類似這樣矛盾的事了。

對她們在性愛方面的教育，目的是儘量使其懵懂無

知和感到羞恥。衹要一提性愛，就叫她們不耐煩而關閉心扉。歸根結底，女人的一切「名譽」全繫於此。（《快樂的知識》）

可是，一旦她們結了婚，當「她們有了摯愛和敬重的配偶，也就有了愛欲和羞澀的矛盾」，那麼她們該怎麼面對婚後必須履行的夫妻之事呢？這無疑是給女人出難題——

女人最終的哲理和疑慮究竟如何在性愛這個難點上拋錨停泊？（《快樂的知識》）

不同的不滿

現實並不總是完美的，與理想總有差距，因此男人、女人都有不滿，但他們的不滿又有不同。

柔弱的、不滿的女性對於美化、深化生活具有想象力，而不滿的男性對於改善、穩定生活具有創意。（《快樂的知識》）

有人說，女人是永遠得不到滿足的，並且為這無法醫治的不滿而苦惱。她們「有時甘願讓自己受騙，也樂意接受一點麻醉和狂熱」，「假如自中世紀以來歐洲沒有無數這樣的不滿意者，也許就不可能產生歐洲人那聞名的不斷思變的能力了」。

與女性相比——

男性不滿者的要求過於粗略，從根本上說要求不高，故總能獲得安寧。

中國就是一個例子。中國大人物的知足導致求變的能力已經滅絕達數個世紀。（《快樂的知識》）

吵架為何

夫妻吵架，似乎是生活中的一幕情景劇。夫妻之間，吵吵鬧鬧是常事。很多時候，他們之間並不存在根本的矛盾衝突，也沒有什麼深仇大恨，祇是男女的本性差異使然。

同樣的情緒激動在男人和女人兩方，畢竟在速度上是不同的，因此，男人和女人不停地彼此誤解。（《善惡之彼岸》）

兩性之間

　　兩性之間，不過是一個男字，一個女字，竟衍生出諸多事端。

　　男女之間有和睦相處，也有戰火硝煙。他們之間有一種說不清道不明的關係。他們愛對方，又從對方身上挑毛病、找缺點；他們欽佩對方，也欣賞自己，但有時卻抬高自己，低估對方。

　　兩性彼此低估，理由是，他們在根本上祇尊重和熱愛自身。因此，男人希望女人是安寧的——但是，恰恰女人基本上是不安寧的，像貓一樣，女人巧妙地裝出安寧的樣子。（《善惡之彼岸》）

愛情的報復

　　誰都知道，戀愛中的女人最瘋狂。平時文靜秀氣的女人，在愛情來到時也會做出一些瘋狂的舉動，內向的人也會表現得熱情開朗。

　　自古以來，愛情一直是人們謳歌的對象，為了愛情，甚至可以獻出寶貴的生命。梁山伯與祝英臺，羅密歐與朱麗葉，他們的愛情廣為傳頌，感動了一代又一代人。然而

當被愛情刺痛的時候，有些人會選擇報復，這也就是所謂的由愛生恨，就像《呼嘯山莊》裡希刺克厲夫對凱瑟琳那樣，又愛又恨，愛得越深恨得也越深，強烈的愛中夾雜著強烈的恨。

在報復和愛情中，女人比男人更野蠻。（《善惡之彼岸》）

小鳥依人

迄今為止，男人們像對待鳥兒一樣對待婦女，鳥兒由於在高空迷路而降落到男人懷裡，作為某種較纖巧的東西、較敏感的東西、較野性的東西、較奇特的東西、較甜蜜的東西、較富於感情的東西——但是作為人們必須加以囚禁的某種東西，不能讓它從這裡飛走。（《善惡之彼岸》）

這是一個多世紀前，尼采對女人的理解和評價，雖然沒有現在的觀念先進，但還是有一些相似之處。隨著時代的發展，女人扮演的社會角色也多變起來，她們不滿足於僅僅當一個家庭主婦，更多的女性走出家庭，從事跟男人

相同的工作。總之她們比以前強大了。但大多數男人對女性的期許似乎還是希望她們小鳥依人，因為男人天生都有一種保護欲。

甜中帶苦的女人

對女人，你瞭解多少？

女人的一切都是個謎，女人的一切祇有一個答案——那就是生育。

男人對於女人，是種手段，其目的永遠是孩子。可女人對於男人是什麼呢？真正的男人需要的是兩樣不同的東西：危險以及消遣。因此他需要女人，作為危險的消遣品。

太甜的果實——戰士不喜歡。因此他喜歡女人——即便是最甜的女人也有些苦。（《查拉圖斯特拉如是說——老少女人》）

關於男人女人，是個永遠說不清道不明的話題。在尼采看來，女人是生育的工具，是男人消遣的場所。女人的味道，甜中帶苦。

愛情的實質

　　幾乎每個人一生中都要戀愛，都會經歷一場愛情，有的即使婚前沒有談戀愛，婚後也會彌補這一缺陷。無論你的戀愛是尚未萌芽，還是你初涉愛河，又或者已在愛情的路上艱難跋涉，你對愛情的實質理解有多深？

　　貪婪和愛情，對於這兩個概念，我們的感覺是多麼不同呀！然而，這可能祇是同一個欲望的兩種說法罷了。

　　一代代人的愛情最明顯地表現為對占有的追求。情郎總想絕對占有渴望得到的女人，也企盼對她的靈魂和肉體擁有絕對的權力，他欲單獨被愛，欲作為至高無上的、最值得渴慕的人駐留和統禦在女人的靈魂裡。這著實意味著把所有的人排拒在珍貴的美好、幸福和享樂之外。（《快樂的知識》）

　　然而，古往今來，多少文人墨客，乃至全人類，談到愛情，無不把它加以美化、聖化，「以致人們從中獲得的愛情概念居然是：愛情與自私是對立的」。

　　實際上，愛情恰好就是自私的代名詞，愛情在某種意義上說就等同於自私。

女人的制勝法寶

女人是花兒，愛情是雨露，女人需要愛情的滋潤，正如花兒離不開雨露的滋養。那麼，在愛情中，你是失敗者嗎？你害怕失敗嗎？怎麼樣才能取得愛情的勝利？

有這樣一種女人——

她們當著心愛的男人的面，總不能鎮定自若，且饒嘴多舌。所以，這類可憐的女人沒有一個不失敗的。（《快樂的知識》）

難道她們不想擁有美好的愛情，或者不夠天資聰穎？我想都不是，祇是她們不懂得愛情的秘訣罷了。

有句話這樣說：「愚蠢的女人趕走愛，愚笨的女人死守愛，聰明的女人經營愛。」愛情需要經營，那些婚姻美滿的人，無不是經營愛情的高手。

尼采告訴天下的女人們——

誘惑男人最穩健的辦法是柔情，隱秘而冷靜的柔情。（《快樂的知識》）

愛情中的完美並非出於虛榮

戀愛的時候，我們都想給對方帶來快樂，都想竭力把自己最好的一面展示給他或她看，因此「都想掩飾自己的缺點」，但是——

這並非出於虛榮，而是不想給被愛者帶來痛苦。

每一個戀人都想從對方身上看到幸福、年輕的模樣，而不是悲傷、滄桑。

是啊，愛者想以上帝的面目出現，這也並非虛榮。（《快樂的知識》）

愛情的力量

愛情是人世間最美好的感情之一，與親情、友情相比，它往往來得更猛烈，也更不具有穩定性。

愛情來了，什麼都擋不住，它像一隻蝎子一樣時時啃食著你的內心，使你無法平靜。戀愛中的人，某種程度上說是瘋狂的。即使是那些平時沉默寡言的人，在愛人面前也急於表達愛慕之情；自私之人也會表現得無私，儘量使

自己在愛人心中的形象高大起來；那些不願對家人、朋友吐露的事情，也會說給愛人聽。

愛情使一個愛者的許多高貴的和隱蔽的特性暴露出來——他的少有的東西、例外的東西：在這一點上，愛情容易低估在他那裡的普通的性格。（《善惡之彼岸》）

總之，愛情可以改變一個人，使許多鮮為人知的個性特點暴露出來。即使最沒有個性的人也會變得很有個性。

男女愛情觀之不同

愛情是一個很玄的東西，可以讓人為之生為之死。不同的人有不同的愛情觀，「問世間情為何物，直教人生死相許」是元好問的愛情觀；「不要為了寂寞去戀愛」，「不要為了負責而去結婚」是當今流行的愛情觀，你的愛情觀是什麼呢？

其實，愛情觀大體上可以分為兩類，由於男女雙方對愛情的理解是不同的，所以有「男人的愛情觀」和「女人的愛情觀」。

女人的愛情觀是顯而易見的，那就是徹底的靈與肉的奉獻，毫無保留，毫無顧忌，甚至一想到奉獻如若帶上附加條件就感到羞愧、惶然。

而男人不是這樣，他們在女人無私奉獻的時候，祇有一種信念，那就是「女人沒有別的信念」；「男人如果像女人那樣去愛，他就會淪為奴隸」；「男人一旦愛上一個女人，他就要從女人那裡得到愛」。

所以人們有理由說，在男人身上，愛情和忠誠是天然對立的，他們的愛情即為占有的欲望，而非奉獻和放棄，占有的願望每次又以占有為結局。（《快樂的知識》）

愛情與婚姻

許多短暫的蠢事——你這樣稱呼你的愛情。你的婚姻結束了那許多短暫的蠢事，代之以長久的愚行。（《查拉圖斯特拉如是說——孩子和婚姻》）

婚姻，一男和一女的神聖結合，雙方的互敬、兩個靈魂的合體才稱得上是真正的天作之合。完美的婚姻很難達

到，可是相愛的人們還是相信情比金堅，定能擁有別人不曾有過的最完美幸福的婚姻。

能達到肉體和靈魂的融合的愛情最終轉為親情，婚姻也會因歲月的積澱而散出愈發醉人的沉香。這需要你全心全意地讚美另一半，感謝另一半，省去那無用的令人心碎的批評，讓另一半保持本性，這樣，愛情和婚姻的愚行將成為利人利己的善行。

勇敢的愛

愛與死：此二者自古相伴。愛的「意志」：那便是同時也為死做好準備。

不僅是現代人才敢於表達熾熱的愛，古人對愛的濃烈程度絲毫不比現代人差。

「我欲與君相知，長命無絕衰。山無陵，江水為竭，冬雷震震，夏雨雪，天地合，乃敢與君絕。」（《詩經·上邪》）這是一位痴情女子對愛人的熱烈表白，對天發誓，愛得堅定不移、勇敢無比。

真正的愛，是可以超越生死，超越時間和空間的！

愛與死，常相伴！（《查拉圖斯特拉如是說──無暇的感知》）

婚姻成敗論

「洞房花燭夜，金榜題名時，他鄉遇故知，久旱逢甘霖。」人間大喜之事不過這些，而美滿幸福的婚姻，是人生四大喜事之首。因此對待婚姻需慎重，稍有不慎，你將悔之晚矣。現在流行的閃婚、裸婚，都不能稱之為一種健康成熟的態度，沒有做好準備就結婚，是對自己的不負責任，也是對另一半的不負責任。

你們的婚姻籌備：當心不要讓它成為一個壞的籌備。倉促，隨之而來的是──婚姻破裂。

而婚姻的破裂比婚姻之屈服和婚姻之欺騙還好些！──一個女人如是對我說：「誠然，是我破壞了婚姻，但首先是婚姻破壞了──我！」（《查拉圖斯特拉如是說──新舊碑銘》）

美滿的婚姻能夠成就一個人，失敗的婚姻也能毀滅一個人。

造就孩子，先造就自己

你所建造的應當高過自己。但首先你必須建造你自己，使你的肉體和靈魂方正。

你不僅應當向前繁衍你的後代，還應當向上！為了這個目的，讓婚姻的園地助你一臂之力吧！（《查拉圖斯特拉如是說——孩子和婚姻》）

孩子，愛情與婚姻的結晶，這個神奇的東西不僅使父母感情更深，還使家庭充滿快樂。因為孩子天真無邪的本性，最具有歡樂性。

孩子對於我們是什麼呢？他是父母的映射和延續，故你所建造的應當比自己更高——這就是望子成龍。為了讓自己建造得更高，必須建造自己，讓自己身正，正所謂「有其父必有其子」。

向前並且向上地繁衍後代，孩子的一切由我們自己造就。

第五章

友情

關於友情

世界上最珍貴的不是財富，而是一份真摯的情誼。愛情固然熾熱，但總有熱情褪去的時刻，而朋友、知己卻是一生難得的。友情，是美酒，令人陶醉；友情，是動力，催人奮進；友情，是希望，指向遠方。

在古代，友情被視為最高的情操，高於知足者和智者的自尊心，比自尊心更神聖。這，可以從馬其頓國王的一則故事中得到充分說明。（《快樂的知識》）

當時，雅典有一位玩世不恭的哲學家，這位國王為了支持他的哲學研究，給他捐贈了一筆錢，沒想到，錢被退了回來。這時，國王就很納悶地問道：「怎麼，他難道沒有朋友嗎？」

這話的意思就是說：

我敬重智者和獨立處世者的自尊心，但是，如果在他心目中朋友的分量勝過自尊心的話，我會更敬重他的人格。哲學家要是不懂得兩種感情孰重孰輕，那麼，他在我面前就自我降格了。（《快樂的知識》）

可見，那個時代，對友情的推崇到了什麼地步。今天，擁有一份純真的友誼也是彌足珍貴的。真正的友情，是不摻雜任何世俗的東西，本質上是拒絕功利的，彼此之間擁有獨立的人格，從對方身上解讀自己存在的意義。

慘痛的犧牲

一個人熱愛自由，並把它視為偉大心靈之必需，一旦它受到摯友的威脅，他就不得不犧牲摯友，哪怕摯友是完人、無與倫比的奇才、光耀世界者。（《快樂的知識》）

當年布魯斯特為了保全羅馬的和平，殺死了摯友愷撒，這對他是多麼的殘酷。為了自由，犧牲了一生難求的真摯友情，莎士比亞也為之動容，專門寫了一出悲劇，獻給布氏，獻給這「崇高道德的典範」。

珍惜每一個朋友

古人說：「獨學而無友，則孤陋而寡聞。」沒有朋友的人生，將是有缺憾的人生。但是，能夠攜手一生的朋友又是鳳毛麟角。

「我們曾是朋友，但時下形同陌路。」很多人都有這樣的經歷，無奈但又不可避免，因為「我們是兩艘船，有各自的目的地和航線」。

　　我們可能在航行中交會，同慶節日，而且已經這樣做了。此後，兩艘勇敢的船隻靜泊於同一個海港和同一個太陽下，看似二者皆達目的。

　　果真如此嗎？事實情況是——

　　我們各自的使命有著強大無比的力量，它旋即把我們驅散至不同的海域和航線，或許，我們再也無緣相會了；或許，縱然相會也彼此不復相認，因為不同的海域和陽光已把我們改變了！（《快樂的知識》）

　　我們能做的，就是珍惜每一個朋友，珍重每一段友誼。

什麼是朋友

　　我們對於他人的信賴洩露了我們信賴自己的願望。

如果誰還想擁有個朋友，那麼他必須也願意為朋友作戰，而為了作戰，他必須具有成為一個敵人的能耐。（《快樂的知識》）

　　我們需要朋友是因為我們需要別人的需求和喜愛，從中獲得自己的存在感和價值。若沒有朋友，心靈深處的感受將潰爛，孤獨的侵襲將令人無比寒冷。

　　而許多寂寞孤獨之人之所以會如此，是因為他們並不清楚友誼並非從天而降的禮物，一個人要想得到他人的歡迎，一定要付出努力和代價，願意為朋友而戰，即為自己而戰。幸福並不是靠坐等別人施與，祇有把自己奉獻給別人，遠離自憐的陰影，勇敢走進充滿光亮的人群，才能獲得願意為自己而戰的朋友。

真正的相互瞭解

　　一個眼神，一個微笑，一個動作，都可以達到彼此的心領神會，這是心有靈犀。

　　一聲脆響，便知山澗那一滴水的純淨；輕輕一瞥，便知花兒那奮力奔向陽光的渴望；隨意的一次牽手，便知你內心的悸動。

真正的瞭解，不希冀於千言萬語，而在於心靈的融會。

我們不對彼此說話，因為我們瞭解得太深——我們彼此都保持沉默，我們用微笑來表達對彼此的瞭解。（《查拉圖斯特拉如是說——朋友》）

有時，多餘的話語，會是虎蛇添足，祇會破壞氣氛，大煞風景。

第六章

藝術

藝術與自然

真正的藝術是要表現自然的本質真實的，脫離了自然的藝術不能稱其為真正的藝術。

尼采認為希臘人至少是雅典人喜歡聽人高談闊論——

他們甚至要求舞臺上要有高談闊論的激情，要狂喜地、矯揉造作地朗誦臺詞。可是，人性中的激情卻是寡言少語的，是靜默和窘態的！激情即使找到了言辭，也是混亂的，非理性的，自我羞慚的！

傾聽處境極度困難的人高談闊論，已成了我們的一種需要，而這需要在現實中是得不到滿足的。悲劇英雄在生命瀕臨深淵之時——現實中的人在此刻大多失去了勇氣和美好言辭——猶能滔滔不絕地慷慨雄辯，給人造成思想開朗的印象，這實在令我們如痴如狂。

但是——

希臘人抽掉了激情的深層內容，而祇給激情制定高談闊論的規則。

「想當然的」激情應該讓位於一種更高的激情。（《快樂的知識》）

藝術家的職責

通常人們認為，祇有藝術家才具有非凡的洞察力，他們對事物的評價才最權威、最有價值，你是否也有這樣的偏見？

在尼采看來——

藝術家們總是在不斷地美化那些口碑甚佳的事物和狀態，此外便無所作為。

藝術家本身並非是幸福和幸福事物的評價者，不過，他們總是擠到那些評價者身邊，以極大的好奇和興趣，期盼自己的評價立即產生功利。他們急不可待，更兼具傳令者的肺、跑腿者的腳，故而總是占得先機，成了美化善的人，開始，對其稱善，繼而，作善之評價，並以此身份拋頭露面。（《快樂的知識》）

藝術家的自負

提到藝術家，通常會在人們的心中引起一陣仰慕和讚嘆，現在似乎已經形成了這樣一種習慣，如果你聽到某個藝術家的名字，沒有表現出相應的震撼和欽佩，那麼就會被人視為沒有藝術細胞而受到輕視。某種程度上，藝術家

的地位被人為地抬高了。

尼采卻大膽地說出藝術家是自負的——

藝術家們往往不知道自己最擅長什麼，因為他們過於虛榮，把心思全用在倨傲上。

古希臘神話中有一位偉大的作曲家奧菲斯——

他比任何音樂家都擅長從受壓抑、受痛苦、受折磨的心靈王國裡發掘音調，甚至能賦予沉默的動物以言語；在表現暮秋的斑斕色彩、表現無比感人的最重要和最短暫的人生享樂方面無人與他匹敵；他知道靈魂在隱秘而陰森的午夜會發出何種音響，他知道在午夜一切因果均無關聯，隨時都會有某種東西從「虛無」中涌出。

總之，他能把最細微、最不可言傳的東西納入藝術的軌道，他在刻畫細膩情感方面是一流的大師！

可惜，「這棵倨傲的幼芽」並沒有在原本屬於他的音樂的土壤裡繼續吐露新芽，長得完美、新奇而漂亮。相反——

悄然蜷縮在坍塌的屋角，獨自畫他那獨特的傑作。

（《快樂的知識》）

不難想象，這些作品「均為短命之作，常常僅有一個節拍」。

知人論世

一切作品源於生活，但又不能等同於生活，即便是那些標榜為回憶錄或生平經歷的書也不排除虛構的成分。孟子曾提出過「知人論世」的主張，就是說評價一部文學作品，不僅要看作品本身，更要看作者本人的生平事跡和寫作背景，祇有瞭解了作者，才能更好地瞭解作品。

尼采「對柏拉圖自己寫的生平事跡是不大相信的，就如同不怎麼相信盧梭和但丁的生平事跡一樣」。

尼采認為阿爾菲利也是謊話連篇的——

他對同代人講述自己的生平事跡足令聽者愕然，他之所以說謊乃是因為對己采取專制主義。比如他證實說，他為自己創造了獨特的語言，強迫自己當了詩人云云。他終於找到這一嚴格的高雅形式來描述自己的生活與回憶，還

說什麼她飽嚐過痛苦。（《快樂的知識》）

尼采對這些文人所寫的事跡是抱著懷疑態度的。

為思想而寫作

寫作的人有很多，目的不盡相同。有的是以賣文為生，維持生活；有的僅僅作為一種消遣，自娛自樂；有的則是為了交友而寫作。

尼采是為何而寫作呢？他認為自己「不屬於那些一面揮筆疾書一面思考的人；更不屬於面對墨水瓶，坐在椅子上，獃視著稿紙，任憑激情左右的人」。他對寫作甚至感到煩惱和厭惡，但寫作對他來說，又是必不可少的事物，那究竟為何呢？

說句心裡話，我至今還沒有找到其他辦法來擺脫我的思想。（《快樂的知識》）

現在終於明白了，他是為著思想的目的而寫作。

論德國音樂

德意志民族是一個熱愛音樂又有音樂天賦的民族，德國以音樂聞名於世，誕生了諸多音樂天才，可以說是整個世界的音樂之鄉。看看尼采是怎麼評價十九世紀德國音樂的：

時下，德國音樂比歐洲任何一國的音樂更為豐富，祇有在德國音樂裡，歐洲革命所帶來的變化才得以表現；祇有德國音樂家才善於表現激動的民眾和響遏行雲的人為喧囂，這喧囂在過去是從不指望別人聽到的。反觀意大利歌劇，它祇熟悉那些被人侍候的人與士兵的合唱，但不熟悉「民眾」。另外，在所有德國音樂裡可以聽出市民階層對貴族的深深嫉妒，尤其嫉妒宮廷的、騎士的、自信的、古老的社交風度。（《快樂的知識》）

感恩藝術

藝術給我們的世界帶來了許多意想不到的美感和享受，沒有了藝術，世界的美感將喪失許多。

假定我們沒有創造出藝術這一虛構的文化形式，並喜

歡這形式，那麼，看透普遍存在的虛偽和欺騙，看透認識和感覺中空想和錯誤的局限性，那將是無法忍受的。誠實可能導致厭惡和自殺，但我們的誠實卻具備一種相反的力量，它可以幫助我們避免接受「藝術就是追求虛幻的良好意願」這一結論。

倘若我們因過於誠實而完全陷於道學觀念，並給自己提出過苛的道德要求，淪為道德怪物和稻草人的話，那麼，這對於我們無疑是一種倒退。

為此，我們怎能缺少像傻子一樣的藝術呢？（《快樂的知識》）

因為藝術的存在，世界多了一層美妙的景觀，變得多彩起來，美麗起來。

悲劇意識

尼采仿佛天生就是一位哲學家，天生就有一種悲劇意識，他十五歲時曾寫下一首充滿憂傷的詩歌：

樹葉從樹上飄零／終將被秋風掃走／生命和它的美夢／終將成為灰土塵垢……我豈能相信／我會躺在墳丘／不能再

啜飲/生命的芳醇？

這麼小的年紀，就開始思索生死問題，這個問題始終糾纏著他，對人生價值的追問、對傳統哲學的絕望，使他的思想裡充滿了悲劇色彩，他自己也說：

我的哲學是一種悲劇哲學。（《悲劇的誕生》）

醉與藝術

醉，人們給它的評價估計好不到哪去，但卻是藝術家必不可少的一種經歷、體驗。

為了藝術得以存在，為了有任何一種審美行為直觀存在，一種心理前提不可或缺：醉。首先必須已經提高了整個機體的敏感性，在此之前不會有任何藝術。（《偶像的黃昏》）

離開了醉的狀態，藝術不可能產生。

第七章

智慧

保持理智

在這個五彩斑斕、新鮮事物層出不窮的時代，你有自己的信仰嗎？你對事物的評價謹慎嗎？你有一個理智的頭腦嗎？在天才哲學家尼采看來，「大多數人缺乏理智的良知」。

人們相信這個或者那個，並按此信念而生活，但事先並不知道讚成或反對的理由、最有把握的理由是什麼，也不願花力氣去研究是何理由，對此，人們也覺得並沒有什麼可鄙。

相當一部分的人對評價持一種馬虎的態度，我認為這是他們良知泯滅的表現，因為他們憎惡理性，喪失理性。

可悲的是，一些人——

身處莫名其妙的不確定性和多義性的存在中而不發問，沒有發問的熱望和興趣，甚至憎惡發問者，還取笑發問者的獃滯呢。

這種行為，是多麼的可鄙。（《快樂的知識》）

高尚者的快樂

何謂高尚者，他們大度、無私、富於自我犧牲精神。然而「對於卑賤者而言，一切高尚、慷慨的情感均無意義，因而也是不可信的」。他們懷疑高尚者，嘲笑高尚者，甚至把他們當成傻瓜，「一個人明明處境不利，怎麼還高興得起來呢！怎麼眼睜睜地甘願陷於不利境地呢！」這是卑賤者無論如何也不能理解的。

卑賤者的特點，是眼睛祇盯著自己的利益，一心想著實惠和好處。

和卑賤者相比，高尚者是不冷靜的。他們往往服從於本能、內心，較少考慮實際利益。

一隻動物會冒著生命危險去保護幼仔，在發情季節追隨母獸會不計死之將至，毫不顧及艱危。它的理性暫時失落了，因為它的愉悅全部貫注在幼仔和母獸身上，而且擔心這愉悅會被剝奪。愉悅和擔心完全控馭著它，它會比平時愚蠢。高尚和大度者的情形與此動物類似。

卑賤者對高尚者的激情相當藐視，尤其當這激情向著客體而發，在他們看來，客體的價值是虛無縹緲的。他們

對受食欲左右的人是惱怒的，然而還能理解那促使人變為暴君的饑餓刺激，但就是不理解，為何有人為了知識領域的某種激情之故而把健康和名譽當兒戲呢？

高尚者自有高尚者的快樂！卑賤者永遠不會理解！

高等人的興趣面向特殊事物，也面向一般被人冷淡在一邊、似乎不甚可愛的事物。（《快樂的知識》）

不要壓抑激情

人，不能沒有激情。失去了激情，生活便失去了色彩，平淡如白開水，毫無滋味；沒有了激情，社會也將失去前進的動力，因為人是歷史的創造者，這個發動機無精打采，車輪怎會有力前行？

假定人們長期不讓自己的激情釋放，把表現激情視為「卑下」、粗魯、小市民氣、農民的特性，換句話說，假定人們壓抑表現激情的語言和表情姿態（並非壓抑激情本身），那麼造成的結果將適得其反，就是說壓抑了激情本身，至少是對激情的削弱和改變。（《快樂的知識》）

保持理性

一個受過良好教育的人，必須要有理性，如果沒有理性，他就會犯錯，如果人人都失去理性，那麼人類早就毀滅了。

在人類的上空，過去高懸現在也仍然一直高懸著一種最大的危險，這就是突然閃現錯誤意識，也就是出現感覺與視聽的隨意性，反而對頭腦的無訓育、對人的非理性洋洋得意。（《快樂的知識》）

與錯誤意識相對立的，就是評估和判斷的非隨意性。為了避免這種危險，就要嚴肅認真地對待你做出的每一次評判。

迄今人類完成的最大一項工作，就是使許多事情相互協調並制定了協調的規則，也不管這些事情是對還是錯。這就是頭腦的訓育，它使人類得以保存。（《快樂的知識》）

雅量的緘默

在大多數人看來，希臘人著實跟風趣無緣，他們是沉默的。

因為希臘人「不論思考什麼都非常符合邏輯，且樸實無華」。

與之形成鮮明對比的是法國人，他們以幽默風趣著稱，在法國人那裡，邏輯是十分貧乏的。法國人喜歡「作些非邏輯思考，邏輯思維祇是用於表達他們在社交中的溫文爾雅和自我掩飾，不過那也是經過許多非邏輯思考的轉化而成的」。

在良好的社會環境裡，人們絕對不可能期望什麼都完美無缺，什麼都符合邏輯。因此，在法國人的風趣裡總存在一點點非理性。希臘人的社交意識淡薄，所以，思想最豐富的希臘漢子也少有風趣。（《快樂的知識》）

沉默、缺少風趣，其實並不代表沉悶古板，希臘人的風格堪稱「雅量的緘默」。

書寫自己的歷史

　　每個人的一生都是一部歷史，這部歷史是光輝燦爛還是暗淡失色，將由你自己決定，因為這部歷史是你自己寫就的。

　　你每天的歷史是個什麼樣子呢？瞧瞧你的習慣吧，每天的歷史就是由你的習慣寫成的呀。這些習慣到底是無數小怯懦和怠惰的產物呢，還是你的勇敢之產物、你那富於創意的理性之產物呢？（《快樂的知識》）

　　當你回顧往事的時候，要想做到「不因碌碌無為而遺憾，不因虛度年華而悔恨」，那麼，就從每天的習慣開始吧！

增強自己的光輝

　　每個人都希望自己受到重視，自己的觀點被別人接納，然而，事與願違之事時有發生，那麼這個時候，我們該怎麼面對呢？

　　我們不要在懲罰、責備和糾正別人方面用過多的心

思！我們是很難改變一個人的。即使我們這件事做成功了，那麼我們說不定在不知不覺中也被別人改變了！

明智的人絕不在糾正別人這件事上枉費心思。

倒不如靜觀默察，等待著我們的影響勝過別人的影響吧！還是不要參與直接的鬥爭吧！鬥爭亦即懲罰、責備和糾正別人的意志呀！還是把自己提升得更高吧！賦予自己的榜樣以更加絢麗奪目的色彩吧！用自己的光亮使旁人黯然失色吧！我們不要被別人搞得灰頭土臉，像一切懲罰者和不滿意者那樣，我們寧可走開，眼觀別處！（《快樂的知識》）

增強自己的光輝使別人黯然失色，是明智者的不變選擇！

學會喜愛並接受

大多數人在面對陌生、奇異的事物的時候，都是抱著一種抗拒、排斥的心態，我不能說這種態度是錯誤的，但這樣會使你的人生損失許多美好。

接受任何一件事物都需要一個過程，比如說音樂。一開始它也是怪異的，但若抱著忍耐、慈善的態度，時間久了，就習慣它了，沒有它，反而覺得若有所失。當它不斷向你展現魅力時，你最終會愛上它，並認為世上沒有比音樂更美好的事物了。

　　對於其他事物，我們可以用同樣的方式學會喜愛它。

　　我們總是對陌生怪異的東西保持良好的意願、耐心、謙遜和溫和的態度……陌生怪異之物則慢慢拋卻面紗，呈現出新奇的、無可言狀的美。（《快樂的知識》）

決不安於現狀

　　有句話講得好：「人，祇有不安於現狀，才能得到理想的現狀。」

　　你是否在內心深處聽到過這樣的聲音：

　　你現在和過去的生活，就是你今後的生活。它將周而復始，不斷重複，絕無新意，你生活中的每種痛苦、歡樂、思想、嘆息，以及一切大大小小、無可言說的事情皆會在你身上重現，會以同樣的順序降臨。

存在的永恒沙漏將不停地轉動，你在沙漏中，祇不過是一粒塵土罷了！（《快樂的知識》）

聽到這樣的殘酷宣判，你是屈服於命運的安排呢，還是決定和常規搏一搏，打破現狀，追求一種更多彩、更創新、更有意義的生活呢？

要想成功，最根本的原則是，決不安於現狀！

交往的智慧

開朗的人到處都有朋友圍繞身邊，他們可以暢所欲言、無所不說，跟他們打交道也更隨意一些；內向的人，內心可能更為敏感，他們可能會因為內心的某種情感被識破而緘默不言，唯恐別人看穿了他們內心的小秘密。

試想一下這樣的情景：

在生活中，我們彼此曾是親密無間的，似乎沒有什麼東西阻礙我們的親善和兄弟情誼。中間祇隔一條小徑。當你正越過小徑時，我問：「你想到我這兒來嗎？」於是你就不想來了，當我再問，你已默然。自打這時起，我們中間出現了高峻的山嶺、湍急的河流，使我們彼此疏離。縱

然我們想重新往來，但已無能為力了！此時的你再憶及那條小徑，也定然無話可說，唯有抽泣、愕然！（《快樂的知識》）

生活的過程，就是與人打交道的過程，與人交往也是門藝術，對什麼性格的人，選擇什麼樣的交往策略，都是有學問的，如果處理得好，你的生活品質無疑就會得到提升。

為求知而流浪

有這樣一種人，他們為了自己的信仰，放棄安穩舒適的生活而浪跡天涯。他們的目的祇有一個，那就是不斷獲取真知，不斷審視。

尼采說在審視歐洲的道德的過程中——

為了把它同其他的道德、過去或未來的道德作一比較，人們就必須有旅人一樣的作為：這旅人欲知城內的塔高幾何，為此而離開了城市。

人們必須輕裝簡從，方可將自己追求知識的意志放逐遠方並超越時代，方可為自己創造雄視千古的慧眼和一片明麗的天空！（《快樂的知識》）

「人們必須拋棄種種桎梏」，專注於自己的信仰，目標才能實現！

真正的自豪

每個人都曾自豪過，也曾驕傲過，你自豪的是什麼，為了什麼緣故而自豪，真正的自豪的含義是什麼？你有想過嗎？

有些孔雀在一切眼睛面前隱藏了其孔雀尾巴——這叫做自豪。（《善惡之彼岸》）

真正的富人，不會在外人面前輕易露富；真正的恩愛，幸福不會在眾人面前故意晾曬；真正的成就，不用大加宣傳。這才是底氣十足的表現，這才是真正的自豪。

莊子所謂的「大音希聲，大象無形」也是這個道理。

總是太遲

太糟了，總是老調重彈！當一個人造好了他的房子時，他發現：他不知不覺地學會了某些東西，這些東西在

他開始建造之前他絕對應該知道。永恒的、命定的「太遲了！」一切完成了的東西的悲傷！（《善惡之彼岸》）

總是太遲，大多數人都有過這樣的感慨。人生是個單行道，祇能向前，絕沒有返回的機會，就是片刻的暫停都不可能，因此，要想把握住機會，祇能及早準備，未雨綢繆！不要等到機會轉化為現實之後，你才發覺為時已晚。請記住：機遇總是垂青那些做好準備的人！

懂得放棄

人人都渴望擁有，害怕失去，其實懂得放棄也是一種藝術，有時放棄反而會得到快樂。

某人把某個東西徹底拋棄已經很久了，當他偶然重新遇見它時，還誤以為是發現它呢。凡發現事物的人總是感到幸運的！（《快樂的知識》）

適時的放棄，顯示的是一種豁達的人生態度，明智的人不會無限制地往自己的背囊裡加東西。他們深諳放棄之美，懂得放棄，相信放棄是為了更好地擁有。

應對痛苦

人活著就得承受痛苦。

痛苦與歡樂同屬保持人之本性的頭等力量，如果它們不是這種力量，早就被祛除了。（《快樂的知識》）

快樂的時光總是短暫的，痛苦的日子總顯得漫長，那麼「如何度過痛苦」就變成一個非常重要的問題。「我們過日子也必須節省精力，一旦痛苦發出可靠信號」，就須及時應對。「大的危機和風暴逼近時，我們要盡力避免被吹得脹鼓鼓，要好自為之。」

的確，也有這樣一種人——

風暴起時，他們不以為然，坦然處之，比風暴更傲然、更欣然，更似赳赳武夫，是啊，是痛苦本身給他們帶來了最偉大的時刻！他們是人類中承受痛苦煎熬的英豪和偉人。（《快樂的知識》）

如何應對痛苦是需要智慧的！

不要掩飾自己的可笑

我的眼睛從未見過如此五顏六色的東西！

並且有五十面鏡子圍繞著你，奉承著你的顏色之戲，並把它重複。

這光彩奪目的絢爛會襯托出你的深沉嗎？

不，除了膚淺，我什麼都看不到。越是空虛的人，外表越是要奪目，越是沒有多少內涵的人，就越愛說一些無關痛癢的話，以展示自己的才華。而此等掩飾之法祇會欲蓋彌彰，貽笑大方。

真正的智者常隱於世，其貌不揚卻可胸懷天下。

增加你的修養，升華你的思想，淨化你的心靈，自會有一種不可抵擋的氣勢磅礡而發，再也不需要那五彩外殼的偽裝。

學會讀書，讓偉大的思想武裝自己；學會思考，人生之意義在不斷前進和思索中才能找準方向；學會忍受孤獨，獨處是讓心靈吸納新鮮空氣，保持純淨的絕佳時機。

（《查拉圖斯特拉如是說——文化之邦》）

莫要貪圖安逸，放縱自己

那經常過度放縱自己的人，最後病於他的放縱。讚揚那使人堅強的一切吧！我不讚揚那樣的國土：黃油和蜂蜜在那裡——流溢！（《查拉圖斯特拉如是說——流浪者》）

日日聲色犬馬，夜夜歌舞升平的君王，沒有一個是功勳卓著之人，最終的結局無一例外——國破人亡、遺臭萬年。

而「先天下之憂而憂，後天下之樂而樂」，時時殫精竭慮、刻刻勤政為民的聖君，最終也必然使國昌民富，萬世傳頌。

那些貪圖安逸、好逸惡勞之徒如同寄生蟲一般讓人唾棄，他們不知人為何物，靈魂之歸宿何在，祇為了口腹之欲、獸性之本能而喪失自己。

正確對待敵人

優勝劣汰，弱肉強食，在這個充滿競爭的社會，有了敵人很正常，沒有反而不正常。

你們祇應有用來憎恨的敵人；而沒有用來鄙視的敵人；你們必須為敵人而感到驕傲。（《查拉圖斯特拉如是說——新舊碑銘》）

　　敵人的存在，是我們實力的一個反映，也是我們前進的一個動力。

通往幸福之路

　　智者問傻子，通往幸福的途徑是什麼？傻子毫不遲疑，就像別人向他打聽去附近那個都市之路似的，答曰：

　　「自我欣賞，再就是東遊西蕩。」
　　「住嘴，你要求太多啦，自我欣賞就夠啦！」
　　「沒有一貫的蔑視，又怎能不斷地欣賞呢？」（《形而上之弗里德里希之凌晨》）

　　什麼是幸福，每個人都思考過這個問題。通往幸福的路徑是什麼？聽了傻子的話，相信你就明白了。

糊塗尤難

在塵世中掙扎，遭受傷痛在所難免，那些苦那些痛，你是一一記錄在案，時常拿出來品嚐，還是該忘即忘，讓過去的不快隨風而逝，由你自己選擇。

有些人「根本不明白自己經歷之事，像醉漢在生活中奔波，跌倒了，從階梯上滾下去了」。結果是，他們「因為沉醉反而未受損傷」。若是頭腦過於清醒，反而會「覺得階梯上的石頭如此之硬！」人生在世，難得糊塗。（《形而上之弗里德里希之凌晨》）

鄭板橋說：「聰明難，糊塗尤難，由聰明轉入糊塗更難。」

淡泊名利

所謂「天下熙熙，皆為名來；天下攘攘，皆為利往。」人生在世，熙熙攘攘，紛紛擾擾，無非名利二字。名和利，人人都明白其本質，人人都想擁有，但君子愛財，取之有道，何況是名利呢？對待名利要有正確的態度。

你是否旨在博取聲望？若是，這信條務請記取：自動放棄名譽，要及時！（《形而上之弗里德里希之凌晨》）

　　純粹為了名利而追求名利，痴迷於名利，那麼你必將為名利所累，甚至因為名利而迷失了自己，過分追名逐利而釀成悲劇的大有人在。

　　名和利，你如果正確對待它，它就是好東西，它能成為一種激發人前進的動力；如果你不能正確對待它，那麼它就是壞東西。

　　莊子在《逍遙遊》中曾說：「至人無己，神人無功，聖人無名。」名和利，生不帶來，死不帶去，實乃身外之物，不必太過勞神費心。若想活得自由灑脫，就必須衝破名利的羈絆，坦然面對生活，淡泊名利，志存高遠。

學會尊重

　　時下，有很多人過於重視自己的感受，以自我為中心，而忽視了他人的存在，這是對別人的不尊重。其實尊重他人也是尊重自己。

　　高貴的靈魂，是自己尊敬自己。（《形而上之弗里德

（《里希之凌晨》）

尊敬自己，從尊重他人開始吧。

尊重他人是一種高尚的美德，也是一個人內在素養的外在體現。在工作、學習、生活中，無論是對領導、同事、同學、朋友，還是家人、鄰居，都應該尊重他們。人人都希望得到別人的尊重。祇有你尊重別人，別人才會尊重你。

在尊重他人的過程中，體會被人尊重以及尊重自己的感覺，做一個有著「高貴靈魂」的人吧！

充耳不聞的智慧

如果我們整天滿耳朵都是別人對我們的議論，如果我們甚至去推測別人心裡對於我們的想法，那麼，即使最堅強的人也將不能幸免於難！因為其他人，祇有在他們強於我們的情況下，才能容許我們在他們身邊生活；如果我們超過了他們，如果我們哪怕僅僅是想要超過他們，他們就會不能容忍我們！總之，讓我們以一種難得糊塗的精神和他們相處，對於他們關於我們的所有議論、讚揚、譴責、希望和期待，都充耳不聞，連想也不去想。（《形而上之

弗里德里希之凌晨》）

充耳不聞，是一種氣度，更是一種智慧。

請勿怨恨

怨恨，是人類一種常見的情感，但明智的人會儘量克制自己，減少怨恨。

沒有任何東西比怨恨的衝動更能消耗人的精力了。

氣惱，病態的多愁善感，無力報復，復仇的渴望，各式各樣的混合毒品──對於一個精疲力竭的人來說，顯然都是最不利的反應方式，因它是對神經活動的快速消耗，一種對有害消耗的病態增長，譬如膽汁流入胃中，這是有條件的。怨恨本身是病人所忌──是病人的冤家，很遺憾，又是病人最自然的癖好。那位身在深淵的心理學家──佛祖釋迦牟尼，最精於此道。……由虛弱造成的怨恨對弱者自身的危害最大──換一種情況，對精力充沛的人來說，怨恨就是多餘的情感，對怨恨的克制甚至就是精力充沛的證明。

假如人們凡事都要作出反應，便很快會累垮。（《看

哪，這人》）

　　為了保存體力，為了健康起見，減少怨恨吧。怨恨祇
能使仇恨更深，於傷害毫無修復之功效。用寬容來化解怨
恨，以德報怨，才是明智之舉。

熱愛生命即是享受幸福

　　這是真的，我們熱愛生命，不是因為我們習慣活著，
因為我們習慣愛。愛中常常有瘋狂在，但瘋狂中常有理智
在。

　　在我這珍愛生命者看來，蝴蝶、肥皂泡，以及人間諸
如此類之物最懂得享受幸福。

　　看看這些輕忽，魯莽，漂亮，活潑的小精靈飛來飛
去——查拉圖斯特拉感動得落淚並歌唱起來。（《查拉圖
斯特拉如是說——閱讀與寫作》）

　　每個生命都有其可貴、可愛之處，每一個都是奇蹟。

　　每個人也都有其發光的地方，一無是處、毫無價值的
人並不存在。故而，寬恕地對待每一個人是需要的。愛就
讚美吧，它往往可以使一個人發生質的變化，即使他犯了

錯誤。試想，我們哪一個人願意接受別人的指責呢？祇有不夠聰明的人才會批評、指責和抱怨別人。托馬斯・卡萊爾（1795-1881，蘇格蘭評論家、諷刺作家、歷史學家。——編者注）說過：偉大者是從對待小人物的行為中彰顯其偉大的。讓我們儘量地用心去瞭解每一個生命背後的故事。蝴蝶每一次振翅所蘊藏的能量之美，大馬哈魚每一次洄游的執著之美，一個平凡的人為摯愛所做的捨己之美，小孩的天真之美……

看哪，所有的真善美都蘊藏在珍愛生命者的心底，用心去瞭解，去感受，去愛。那麼，在清晨，你推開門窗的一剎那，迎著一切剛蘇醒的萬物，便可以呼喊：「啊，生命之美，我並非這個星球的唯一，我不孤獨。」

用知識武裝自己

在蒙昧時代，人們之間的較量，比的多是身體上的力量；現在這個社會，知識成為一種新的力量，國與國之間的較量集中在誰擁有更多的人才，誰的科技創新走在前沿，誰更有智慧。

在人人追求知識的同時，道德就顯得彌足珍貴。學習應有一種誠實的態度，不要不懂裝懂，記住「一無所知比

一知半解要好」。知識祇能靠自己獲取，不能通過其他手段，任何人都給不了你。

依靠自己做一個傻瓜，比依靠民眾的認可做一個聖賢要好！（《查拉圖斯特拉如是說——水蛭》）

祇有用真正的知識武裝大腦，擁有智慧，才能掌握最強大的力量，成就一番大事業。

不虛度此生

人要麼永不做夢，要麼夢得有趣；人也必須學會清醒：要麼永不清醒，要麼清醒得有趣。（《形而上之弗里德里希之凌晨》）

即使人生是出悲劇，我們也要有聲有色地演完這出悲劇，不要失掉了悲劇的壯麗和快慰。

即使人生是個夢，我們也要有滋有味地做這個夢，不要失掉了夢的情致和樂趣。

轟轟烈烈地走一遭，在這美麗的星球留下那即使不完美的足跡。

哪怕一隻蝴蝶的破繭將帶來死亡，它也要在世界上翩翩起舞一回，留下那令世人稱讚的綽約風姿。

哪怕是朵曇花，也要為一刻的綻放傾盡生命之力量。

人生正如白駒過隙，很多事別到了逝去才後悔。社會在浮躁，使我們總想活在未來，在未來卻想活在過去，別等我們死去的時候，才發現自己從沒活過。

信仰不可或缺

哪裡缺乏意志，哪裡就急不可待地需要信仰。意志作為命令的情感，是自主和力量的最重要標誌。（《形而上之弗里德里希之凌晨》）

信仰給予我們行為準則，是我們困難時的意志，延續生命之美的動力。信仰，希望之曙光，迷途中讓我們找準方向，找到自我。

謹防金玉其外的人

有些人「金玉其外，敗絮其中」，徒有華麗的外表，實質卻是一團糟，他們外表光鮮美麗，實則沒有修養內

涵，索然無味。跟這樣的人接觸，你得獨具慧眼，否則就會上當受騙，祇有撕下他的面具，方能看清他的真面目。因此要慎重對待這類人。

在我的生命的每時每刻，都無法找到哪怕是一星半點的傲慢和裝腔作勢。激昂慷慨與偉大無涉；弄姿作態的人是虛偽的……謹防一切金玉其外的人！（《看哪，這人》）

實踐出真知

「紙上得來終覺淺，絕知此事要躬行。」這是南宋詩人陸遊教導兒子讀書的話語，也影響了後世許許多多的人。實踐出真知就是這個道理。

人人都有這樣的感覺，經歷過的事，印象就更深，更容易記住。

終究沒有人能夠從書本包括的東西中得出比他原先已經掌握了的更多的東西。在經歷中得不到印證的東西，便無法認識。讓我們設想一種極端的例子：假如一本書講的東西完全超出經常性的，或哪怕是罕見的經驗可能之

外——那麼它對於一切新經驗來說就是第一語言。在這種場合簡直什麼也聽不明白，由於音響的欺騙，所以在聽不到任何音響的情況下，也就認為什麼也沒有。

實踐可以當我們的老師，它教我們認識、鑒別事物。

（《看哪，這人》）

第八章

人類與科學

人類的潛能

作為地球上最高級的動物——人類，他們都具有哪些能力？他們的潛能有多大？

人類很早就具備許多東西，祇因它們十分微弱，處於萌芽狀態，故而無人察覺。

有些時代、有些人似乎缺乏這樣或那樣的才能與道德，然而，祇要假以時日，等到孫子和曾孫輩好了，人們就會把先輩們的內在本性表白於世，而先輩們當初對這內在本性竟茫然無知呢。也常常有兒子背叛父親的，不過，在兒子有了兒子之後，他對自己的瞭解就更透徹了。（《快樂的知識》）

人類就像一座隨時可能爆發的活火山，內在的潛能有多大、什麼時候爆發，無人知曉。

科學的目的

在這個提倡「科學技術是第一生產力」的時代，什麼都要假以科學之名，於是，一些人盲目推崇科學，但對科學的目的是什麼，又很少有人深入探討過。

科學的最終目的是給人創造儘量多的歡樂和儘量少的痛苦嗎？假定歡樂和痛苦用一根繩子連在一起，那麼，誰要得到儘量多的歡樂，也就必然得到儘量多的痛苦，對嗎？誰要體驗「心臨九霄般的歡樂」，也必然要有「悲傷至死」的準備，對嗎？

科學的力量一方面剝奪了人的歡樂，使人變得更冷酷、更獃板、更克欲，也許，科學正因為這力量今天才廣為人知，人們發現它是個偉大的痛苦製造者；但另一方面，人們也發現科學的反作用力，這力量是無可估量的，它必將照亮歡樂的新世界！（《快樂的知識》）

科學並非祇是工具

在古代，科學是很難獲得尊崇和讚揚的，即便對科學最熱心的學人也把追求道德放在首位，把知識當作道德的最佳工具加以讚美。

科學是二等事務，並非特別重要，不是絕對必需，不是熱情追尋的目標。（《快樂的知識》）

有的人學習知識是為了滿足好奇心，「有些人是為了名譽和榮耀，還有許多人不知如何打發過多的閒暇而去讀

書，去收集、整理、觀察，向別人轉述。這些人的'科學欲'實際上祇顯出他們的百無聊賴。」

在這個科學技術是第一生產力的時代，國與國之間的競爭從某種意義上說就是科學實力的較量，科學已經不再祇是工具了，它的地位顯得日益重要。

科學的嚴謹

科學是崇高的，從事科學事業的人是值得敬佩的。然而，科學也是冷酷無情的，它對工作人員的要求很高。

以婦人和許多藝術家那種悠閒的方式散步的人一旦審視科學，就會被科學的嚴謹、對大小事物的鐵面無情、思索評估判斷的快捷弄得頭暈目眩，驚恐不安。（《快樂的知識》）

大多數人祇看到科學家擁有的鮮花和掌聲，羨慕他們的成功和地位，卻不曾知曉他們背後默默付出的辛勞。

科學要求艱苦卓絕和盡善盡美，即使達到這境界也得不到任何讚美和獎賞，相反就像在士兵中，得到的祇是大

聲的呵斥和嚴格的指令，因為做得好是應該的，正常的，失誤則是不應該的。（《快樂的知識》）

科學的先導

你相信魔術師的表演嗎？相信占星家的推算嗎？相信巫師的法力嗎？在今天看來，這些多是沒有科學依據的迷信罷了。

可是在尼采看來，正是這些神秘因素成為了科學的先導。

倘若不是魔術師、煉金術士、占星家和巫師先行於科學，不是他們懷著一腔熱望最先對種種隱秘的、被禁止的力量產生探索的渴求和興趣，那麼，你們相信科學會產生和壯大嗎？你們相信在知識王國裡要成就某事，希望總是多於成就嗎？（《快樂的知識》）

科學使人站得更高

尼采一直被認為是反理性、反科學的哲學家，但是當你系統瞭解他的哲學思想之後，你會改變想法的。

他對科學有接受的一面，他認為科學是人類生存的必需。

在科學的明晰、嚴格的要素中，人們有了他的整個力量；在這兒他能夠飛翔！

人要想得更深刻，感覺更敏銳，比其他動物站得更高——與世界的真正本性更為接近，這祇有通過科學。（《人性的，太人性的》）

尼采很多哲學思想都是依據科學成就形成的，比如他的永恒輪回學說是以能量守恒定律為基礎的，他的超人哲學則是以進化論為基礎。科學在尼采筆下是富於魅力的。

對科學的批判

尼采對科學的態度並不是完全的接受，更有批判的成分在內。他曾這樣發問過：「科學能否給予人類以行為的目標呢？」從他對科學的定性中就能看到這個問題的答案。他說：

（科學）是冷漠的和枯燥的，沒有愛，不懂得任何

「不滿」和「渴望」的深情。（《人性的，太人性的》）

　　他認為，科學沒有感情，它最終的目標應該是人，為人生和人類的幸福和快樂服務，祇能是一種工具，如果人以冷漠無情的科學為最高目的，那麼人就喪失了自己的價值。

第九章

人生雜談

善與惡

什麼是「善」，什麼是「惡」，二者的區分標準是什麼？現在社會上流行一種道德理論，即認為判斷「善」、「惡」的標準是「實用」和「不實用」。

最強大和最邪惡的天才人物是推動人類前進的首要功臣，他們一再點燃人們那昏睡的激情——井然有序的社會使激情昏昏欲睡——他們一再喚醒人們的比較意識、矛盾意識，喚醒人們去嘗試新事物，喚醒他們對未經試驗的、需要冒險的事物的興趣，迫使人們對各種觀點和範例進行比較，這一切，常常伴隨著使用武器、推翻界碑、破壞虔誠，不過也不排除借助新的宗教和道德！

通常在人們的意識中——

新的總是惡的，新的總是要征服、要掀翻舊的界碑和虔誠；祇有舊的才是好的！每個時代的好人對舊的思想總是追根刨底，並且獲得思想果實，他們是思想的耕耘者。每塊土地均被充分利用。不過，「邪惡的」犁鏵必然要來光顧的。

惡的本能與善的本能一樣，也是實用的、保存本性

的、不可或缺的——祇不過它的功能不同罷了。（《快樂的知識》）

距離產生美

周敦頤曾讚揚蓮花高潔、美麗，是花中的君子，但也是「祇可遠觀而不可褻玩焉」。這就是距離產生美的道理。

我們經常聽人說這樣的話，某某地方因為某座山的緣故，而格外嫵媚動人，身價倍增。當我們聽過太多次之後，潛意識裡想法已經被改變了，便會失去冷靜，毫不懷疑地「相信這山作為嫵媚景致的賜予者必然是該地區最具魅力的」。於是，決定到山上看一看，結果呢，興味索然，大失所望，不僅山沒有想象中的美麗，就連山下的景色也頓失美感。

許多的偉大，一如許多的美好，祇能隔著一定的距離看，並且祇可仰視，不宜俯瞰，這樣，它們才能發揮效力。也許你是從近處熟悉人的，可那人總希望別人從遠處看他，以便保持自己的吸引力，並對他人施加影響。（《快樂的知識》）

生命是什麼

　　張海迪曾向世人發出這樣的詢問：「生命是什麼？」不同的人有不同的答案，愛國主義詩人艾青是這樣詮釋生命的：「有時/我伸出一隻赤裸的臂/平放在壁上/讓一片白堊的顏色/襯出那赭黃的健康/青色的河流鼓動在土地裡/藍色的靜脈鼓動在我的臂膀裡/五個手指/是五支新鮮的紅色/裡面旋流著/土地耕植者的血液/我知道/這是生命。」

　　生命是什麼？古往今來，無數的人追問過，每個人的理解不同，對它的詮釋自然也不同。在尼采的詞典裡是這樣解釋的：

　　生命意味著，不斷把想死的東西從身邊推開；生命意味著，對抗我們身邊的──也不止是我們身邊的──一切虛弱而老朽的東西。那麼，生命是否就意味著，毫無孝心地對付瀕死者、可憐人和行將就木者呢？一直充當殺手呢？（《快樂的知識》）

　　他的話語可謂石破天驚、標新立異、一針見血！

高貴的買賣

在這個商業社會，買賣無處不在，幾乎滲透在每一個角落。一個人的一生中都進行過無數次的交易，無形之中，就是在做買賣。

買賣與讀書、寫作一樣，現在均被視為平常事，人人都在接受它的訓練，即使不是生意人，也都每日在演練買賣的技藝，正如人類尚未開化之時，每人都是獵手，且每天都在訓練獵技一樣。那時，打獵是極為普通的事。然而，當它後來演變為權貴們的特權，便失去了日常和普通的特色，它不再是日常之需，而是奢華的雅興了。（《快樂的知識》）

尼采認為，總有一天，買賣也會像打獵一樣變得祇是某些階層的特權，而不再是日常所需。在那個社會——

不存在買賣行為，不需要買賣技藝，屆時也許會有某些不大服從社會普遍法規的人膽大妄為，把買賣當成一種感情的豪奢，那就使買賣變得高貴起來了，貴族也許會同樣樂於獻身商貿了，就像迄今獻身於戰爭和政治一樣。（《快樂的知識》）

工作與無聊

你的職業是什麼？你喜歡你的工作嗎？你對工作的態度怎麼樣呢？

為了掙錢而找工作，在文明國度幾乎人人都是這樣。工作是手段而非目的，所以，人們對工作並不精心挑選，祇要它能帶來豐厚的酬金就行。

那種寧願死也不幹活的人越來越罕見了，要有，那就是難以滿足的挑剔者，他們不以酬勞豐富而滿足，除非工作本身使其滿足。形形色色的藝術家和靜觀默察者屬於這類怪人，還包括將其一生耗費在打獵、旅遊、冒險和愛情交易上的懶鬼。這類人也想工作，但工作必須符合興趣。如果符合了，他們就不計艱危，最繁重、最艱苦的工作也幹；否則就斷然懶散下去，哪怕因此受窮、丟臉、發生健康和生存危機而全然不顧。他們並不怎麼害怕無聊，倒是更害怕幹沒有興趣的工作。（《快樂的知識》）

忍受無聊和做自己不喜歡的工作，你覺得哪個更難以忍受？

切勿迷戀名譽

世界上，一切事物都有它的名稱，一切人都在追求名號、聲譽，而這些東西究竟是什麼呢？

如果說名稱祇不過是人們為了區分事物而選取的代號，那麼名譽呢？哈內法克斯說：「從被追求的那一刻開始，名譽就是一種罪惡。」泰戈爾也曾說過：「我攀登上高峰，發現名譽的荒蕪不毛的高處，簡直找不到一個遮身之地。」

我發現事物的名稱遠遠重於事物的本質，這件事曾經使我而且一直使我異常吃力。聲譽、名號、外表、效力、事物的一般範圍和分量，這些東西在產生時便是錯誤的，是隨心所欲，像給事物披上一件外衣，而與事物的實質、甚至與事物的皮相也風馬牛不相及，但由於世世代代對這些東西都很相信，且這種信任還在不斷加深，久而久之，它們就在事物中不斷壯大，甚至變成事物本身了。（《快樂的知識》）

表象成為本質，可見人們的雙眼被蒙蔽得多麼徹底！

思想猶如生命

你是否還記得《老人與海》中，海明威在最後發出的那一聲呼喚：「人，可以被消滅，但不可以被打敗！」就是這句話，鼓舞著後世多少硬漢子拼搏向前，絕不向命運低頭，形成了所謂的硬漢精神。

我想叫樹苗長成大樹。為了讓一種學說變成大樹，它必須讓人相信它，為了博得信任，它又必須被視為駁不倒的。風暴、懷疑、蟲害、邪惡對於樹苗都在所難免，這樣才能顯出它的氣度和力量；它要是還不夠強大，就讓它被摧折好了！可是，一棵樹苗祇能被消滅，卻不能被駁倒！（《快樂的知識》）

是啊，對改革家來說，沒有什麼比思想被駁倒更痛苦的事了，思想的樹苗猶如他的生命！

何謂善

弱者成全強者，使強者更強，這是善嗎？強者收購弱者，這是惡嗎？到底何謂善，何謂惡，怎麼界定、區分，是一門學問。

一個細胞成為另一個更強的細胞的功能，這是美德嗎？它必須如此。更強的細胞把那個細胞同化了，這是邪惡嗎？它同樣必須如此，因為它致力於充足的補償，它要再生。因此，我們不得不依據強者和弱者的善意來區別吞並的本能和順從的本能。

總想把別的東西轉化為自己的功能，這樣的強者內心交織著歡悦和貪婪；而願意變為強者之功能的弱者內心充溢著歡悦和被貪占的意願。（《快樂的知識》）

所謂「善」與「惡」是兩個相對的概念而已，看你從哪個角度去理解。

上帝死了

你們是否聽説有個瘋子，他在大白天手提燈籠，跑到市場上，一個勁兒呼喊：「我找上帝！我找上帝！」

那裡恰巧聚集著一群不信上帝的人，於是他招來一陣哄笑。

但是瘋子仍然專注於自己的思想，抵擋住眾人的嘲笑，繼續嚷道：

上帝哪兒去了？讓我告訴你們吧，是我們把他殺了！……我們難道沒有聞到上帝的腐臭嗎？上帝也會腐臭啊！上帝死了！永遠死了！（《快樂的知識》）

按照古希臘哲學家赫拉克利特的說法，「上帝是白天與黑夜，冬季與夏天，戰爭與和平，滿足與欲望」。就是說，上帝是整體本身，它怎麼會死呢？說它不死也不對。那麼尼采的意思是什麼呢？上帝曾經在人類心目中的形象是完美的、光輝的，而現在，人類敬仰上帝的心死了。

隨大流終將被淘汰

他至今一直隨大流，讚美大眾；不過，有朝一日他將淪為大眾的敵人！他之所以從眾，是因為懶惰，殊不知眾人還不致像他所希望的那麼懶，他們總要前進的！他們不允許任何人停滯不前！——可是他呢，喜歡呆在原地不動！（《快樂的知識》）

時代的浪潮滾滾向前，永不停息，誰逆流而行，他必將被淹沒。那些懶惰的隨大流之人，一味地盲目從眾，終將被時代淘汰。

真正的深奧

深奧分兩種，一種是真正的深奧，一種是故作深奧。

知識深奧者致力於明晰；當眾故作深奧者致力於晦澀，因為眾人以為凡見不到底的東西皆高深莫測，他們膽小如鼠，極不情願涉水。（《快樂的知識》）

通常故作深奧之人表現得比真正深奧的人還要深奧，你如果敢於大膽向他們發問，那麼孰優孰劣自然見分曉。

偉人的苦與樂

偉人之所以偉大，與其說是因為他為世人做出犧牲不求回報，毋寧說是因為他在做出犧牲的時候是快樂的。

普羅米修斯同情世人並為他們而犧牲，這樣，他就是快樂的，自感偉大的。偉人也會痛苦，但是——

偉人所受的痛苦與其崇拜者所想象的不同，偉人的痛苦莫過於在某些凶惡時刻出現鄙瑣、小氣的情緒波動，簡言之，產生痛苦是因為偉人對自己的偉大產生懷疑，並非因職責需要而作出的犧牲和殉難。」（《快樂的知識》）

對普羅米修斯來說，「當他嫉妒宙斯、又不得不忠誠地將凡人帶給宙斯之時，他是痛苦的。」

自由之鳥

我們每個人天生都是一隻自由之鳥，「不管飛向何方，自由和陽光都與我們同在」。

不幸的是，有這樣一類人，他們到處鼓吹人的本性是邪惡、病態的，「是倒錯、卑劣的東西」。「他們誤導了我們，致使我們也以為人的本能和本性是邪惡的。」有了這種思想，我們對自己和他人本性的看法就變得不公正。

本來，無憂無慮、舒適可人地聽隨本性是大有人在的，但人們並不這樣做，其原因就是害怕那個「想當然」的「邪惡本性」！故而在人群中，鮮能看到那種無所畏懼、不認為自己有什麼可恥而四方八面恣意翱翔的高尚氣質。（《快樂的知識》）

回歸本性，做一隻自由翱翔的鳥兒吧！

關於習慣

每個人都有自己的習慣，有些習慣保持的時間長，有些習慣則經常變換。

尼采「喜歡短期的習慣」，並「把它看作一種無價的法寶」。

短期的習慣在白天和晚上向我靠攏，散播著深深的滿足感，以至於我不再有別的乞求。（《快樂的知識》）

喜歡短期習慣的人，多是喜歡求新、求變，思維活躍，不喜墨守成規之人。

保持長期習慣能夠顯示一個人有恒心，同時也意味著他易滿足，喜歡安逸、停滯。

尼采說：

我憎惡長期的習慣，它在我身邊就像暴君，使我的生活空氣凝固。（《快樂的知識》）

單一的工作、固定的住所、長期與同一個人交往，就會使他無法忍受。尼采甚至對自己的痛苦和疾病都心懷感激，因為它使他避免了始終如一的健康狀況。

固定的名聲

固定的名聲,就是社會對一個人的一貫評價,當然前提是此人保持一貫的處事習慣。

當社會處於險境時,如果某個人有了這樣的固定名聲,「可以相信他,他一直是這個樣子啊」。那麼他就會得到一定的好處,變成社會信任並隨時可以利用的工具。不要忘了「社會尊崇'工具本性',尊崇對自己的忠誠」。相反,「把一切變化的、需重新研究的、自我求變的東西弄得臭名遠揚」。社會習俗把那些有勇氣反對自己的成見、有勇氣懷疑自己身上固定的東西的意志壓制了。(《快樂的知識》)

領路者的孤獨

領路者就像一座燈塔,為後來者指引方向;像一個舵手,為前行的船隻把握航向。走在最前面的這個帶頭人,也是最孤獨的人。

求真、求實、求內在的、求良知的癖性和熱情是多麼討厭啊!這個憂鬱而熱情的驅動者為何老跟著我?(《快

樂的知識》)

他需要休息，可這種熱情和動力不答應，緊緊地追隨著他。因此，他常常是拖著疲憊的身軀和傷痕累累的雙腳，繼續踽踽獨行，他能做的，就是回頭望望那些至善至美的事物。

預言家的痛苦

預言家，似乎比常人聰明許多，他們似乎能看到未來很多年之後的天災人禍，吉凶祥瑞。

諸位有所不知，預言家實際上是很痛苦的。你們祇以為他們大才槃槃，並且希望自己也具有他們的「天賦」。（《快樂的知識》)

關於他們的痛苦，可以打個比方來說明。空氣中的電使動物很是恐懼，而有些動物具有預測天氣的能力，比如說猴子。

當強大的陽電突然遇到雲層裡的陰電，當天氣即將遽

變的時候，這些動物便如臨大敵，要麼準備抗禦，要麼準備逃逸，不過大多數情況是溜之大吉。它們把壞天氣當成敵人，它們已觸到敵人的手了。（《快樂的知識》）

它們的痛苦與預言家的何其相似！

命運的獎賞

敵人，不僅指外在的，也包括內在的，比如說我們自身的缺點、不足。

「金無足赤，人無完人。」每個人都有自己的缺點，通常情況下，我們找出別人的缺點很容易，發現自己的缺點卻很難。那個潛伏在我們內部的敵人，因為我們不瞭解他，所以很容易被他打敗。

命運給我們最大的獎賞，莫過於它讓我們站在敵人一邊戰鬥一個時期。這樣，我們注定要獲大勝。（《快樂的知識》）

祇有看清敵人的真面目，然後才能戰勝它。

何謂偉大

每個人都不甘平庸，想要成就偉大，但偉大究竟是什麼？怎樣才能成就一番偉業呢？

假如一個人在內心沒有給自己增添劇痛的力量和意志，他如何能成就偉業呢？

然而，偉大是僅僅靠增加劇痛、吃苦就能得到嗎？顯然不是。

人能吃苦，這實在微不足道，連柔弱的婦人乃至奴隸在這方面也有不同凡響的表現。

但是，倘若給自己增添劇痛，聽見劇痛的呼號卻不被劇痛和不安所毀，這樣的人才堪稱偉大啊！（《快樂的知識》）

古今中外，那些成就卓越功績的偉人，無不是在苦難面前不低頭，用自己的實力戰勝「劇痛和不安」的人！

必不可少的掌聲

尼采曾經對古羅馬歷史學家塔西佗說他對不需要掌聲這一事件表示懷疑。

其實每個人都需要掌聲。在這個競爭激烈的社會，人人都面臨著挑戰，因此信心顯得至關重要，倘若能夠得到別人的掌聲，信心就會增加，人人都渴望掌聲。別人可以不欣賞自己，但自己必須獎賞自己；別人可以不喜歡自己，但自己必須喜愛自己。要學會愛自己，記住，常常為自己鼓掌、喝彩！

正如尼采所說的──

思想家不需要旁人的喝彩和掌聲，祇要對他自己的掌聲不懷疑就行──對他來說，這是斷不可缺少的。有誰不需要自己的掌聲或類似掌聲的讚美嗎？（《快樂的知識》）

幸與不幸

同情，表面看來是一種高尚的行為，但你們有沒有仔細想過：「你們若富於同情心，對受苦的人是否有益呢？」

別人幾乎不瞭解我們所受的劇痛，即使同吃一鍋飯的人，我們也會對她隱瞞；可是當別人發現我們的苦處時，

則又把苦處視為平淡。輕飄飄地祛除別人的痛苦，本來就是同情的天性呀。（《快樂的知識》）

同情他人，也許能暫時減緩一下受苦者的心情，但從長遠來看，並不利於「受施者」的發展，有時，甚至還會傷到他們的自尊心。那些「施主」們，總是喜歡扮演「命運之神」的角色——

他祇想幫助他人，卻根本想不到，世間存在不幸對個人來說是完全必要的；也根本想不到，你我需要恐懼、匱乏、貧困、黑夜、冒險、魯莽、失誤，正如需要這些東西的對立物一樣；他也根本想不到——恕我說得神秘一點——通往個人的天堂路總需穿越個人的地獄。（《快樂的知識》）

幸與不幸其實是一對孿生兄弟！

擇業的困惑

在現階段，每個人都要工作，都要選擇自己的職業，在職業選擇的過程中，你有什麼感觸？

少數人雖有職業選擇的自由，不過也是表面上的自由罷了，大多數人的職業角色是被強派的。（《快樂的知識》）

不管你承認與否，事實情況就是如此。

有這樣一代人——

他們在年歲漸老時對自己的角色都感到迷惑不解，他們成了自己「精湛表演」的犧牲品了；當初擇業時的偶然因素、情緒、專斷是怎樣地左右了他們，他們已全然忘卻。他們本來可飾演別的角色，可現在為時晚矣！

人人都在暢想未來，盼望一個新時代的來臨，在這樣的時代——

個人堅信自己無事不可為，無角色不可勝任，人人都在作自我嘗試、即興表演、全新的試驗，而且帶著愉悅的心緒。（《快樂的知識》）

生活中的演員

　　人們對演員的印象無非是這樣：「心安理得的虛偽；偽裝成了一股迸發的強力，拋棄、淹沒和窒息『個性』；真心要求進入一個角色，戴一個面具，即要求虛假。」

　　這些評價對他們可謂充滿諷刺和鄙視，然而，更具諷刺意味的是，很多人不經意間已加入到「演員」的行列。比如一些下層家庭——

　　處於不斷變化的壓力和強逼之下，要依附他人，要量入為出，為生計苦苦掙扎，不得不一再進行自我調整以適應新的環境，一再扮演不同的角色，久而久之，遂培養出見風使舵的能力，成了擅長「藏貓」遊戲的藝術大師。（《快樂的知識》）

　　其實動物界也存在這種隨機應變的本能，這叫作「保護色或適應能力」，現在，這種適應能力也融入人類的血液中了。

　　祇有動物界和下層人民中才有這種現象存在嗎？在高層社會裡，同樣有類似人物，尼采認為他們就是外交家——

我以為，任何時代的「優秀」外交家都可以隨意成為優秀演員，祇要他「隨意」即可。（《快樂的知識》）

交往三原則

人不可能是一座孤島，每個人都有社交的需要，但對交往的技巧你瞭解有多少呢？

與人交往的技巧，大體上說，就是一種接受宴請、吃你信不過的食物的技巧。

尼采精辟地總結出了三個原則：

第一個原則是：就像遇到一場事故，你要傾力以赴，勇敢地介入，要孤芳自賞，把你的惡感吞進肚子裡。

第二個原則是：用誇獎的辦法使別人的情緒「變好」，使其自我陶醉；或者抓住他的某個好的或「有趣的」個性特點，牽著他走，進而顯示你的美德，制服別人。

第三個原則是：自我催眠。雙目凝視交往對象，宛如注視一個玻璃紐扣，直到再也感覺不到是高興還是厭惡，

繼而不知不覺入睡，一動不動。這姿態猶如婚姻和家庭的常備藥物，屢試不爽，不可或缺，然而在科學上尚未正式命名。它的俗名叫——忍耐。（《快樂的知識》）

思想者的喜與悲

能夠做一個有思想之人，實非易事；能夠成為一個思想上的富翁，更非常人能力所及。然而，那些大思想家也有自己的苦衷，生活中除了美好，也有心酸。

正如尼采所說：

我們是思想富翁，是慷慨大度者，猶如大街上開放的井泉，不會拒絕任何人汲取飲用。（《快樂的知識》）

在這個贈與的過程中，思想者感到奉獻的快樂！

然而遺憾的是——

（他們）不知道在應該自衛時自衛，沒有任何舉措使自己免受污染、混濁和昏暗。

時代將其「最時髦的」垃圾倒給我們，時代的臟鳥將其糞便撒向我們，童稚將其廢物擲給我們，倚在我們身上

休息的倦旅人將其大大小小的痛苦一並拋給我們，這一切的一切，我們均無力阻止。（《快樂的知識》）

這便是他們的心聲。

面對非難和侮辱，「我們將一如既往，把別人拋給我們的一切埋於心靈深處」。

本能

人和動物都有本能特性，它是與生俱來的，環境可以改變，人們的外表性格可以改變，但是本能是穩定的。

當房子在燃燒時，人們甚至忘記了吃午飯。但是，人們在灰燼上補吃午飯。（《善惡之彼岸》）

感謝和純潔

稻子熟了，頭一直垂著，那是它在向栽培它的大地表示感謝；小狗見到主人，歡快地搖尾巴，那是它在向養育它的主人表示感謝。天地間最具靈性的人，更要懂得感恩。

純潔，也是人人追求的，心地純潔之人定是高尚之人。

如果一個有天賦的人卻不具備有關的兩種東西——感謝和純潔，那麼，他是非常討厭的。（《善惡之彼岸》）

關於理想

理想，猶如黑暗中的一絲光亮，能給落魄的人點亮希望，給迷路的人指引方向。

樹立理想固然重要，更重要的是還要找到實現理想的方法、途徑，不然，理想就等同於空想。

誰不知道找到通向他的理想的道路，那麼，他的生活比無理想的人更輕浮和厚顏無恥。（《善惡之彼岸》）

偉人的自私

一個追求偉大的人認為他在自己前進道路上所碰到的每一個人，或者是推動他前進的工具，或者是一種耽擱和障礙——或者是一個暫時的休息地。祇有在他獲得高官厚

祿和統治權時，他才會給他的同胞以恩惠。（《善惡之彼岸》）

　　一個人為了自己的理想抱負，視他人為工具，有時甚至不惜犧牲親情、友情，最終他得到了他想要的，但內心的孤獨祇有他最清楚。

何謂貴族

　　什麼是貴族？「貴族」這個詞現在對我們意味著什麼？高貴的人是怎樣出賣他們自己的？在倡導平民主義的這種陰暗的天空下，貴族是怎樣被認出的？

　　人們目前在藝術家和學者中發現，這些人中的許多人通過他們的作品暴露了他們對激勵他們的那種貴族性的深切渴望；但是，這種對於貴族性的迫切需要根本不同於對於貴族靈魂本身的需要，而且事實上這也是缺乏貴族性的一個有力的和危險的標誌。（《善惡之彼岸》）

　　何謂貴族？它不僅是一種社會地位的規定，更是一種精神，一種意志，一種擔當。貴族應具有自由的靈魂、崇

高的道德，嚴於自律，不為強權和大多數人的意見奴役。

人是什麼

人，從生物學上來說，是高級動物；從精神層面來說，擁有靈魂。從不同角度得出的解釋不同，但毫無疑問，他們不同於地球上的其他群體。這個聰明的群體，你們對自己的認識到底有多少？尼采對此有獨到的見解：

人，一種複雜的、愛說謊的、狡猾的和不可思議的動物，對於其他動物來說，與其說是由於他的技能和靈性，不如說是由於他的力量而帶來的可怕。最後，為了使他的靈魂樂於成為某種簡單的東西，他發明了善良的良心；而且全部道德都是冗長的大膽的偽造，借助於這種道德，快樂一看見靈魂就成為可能的。（《善惡之彼岸》）

哲學家是怎樣煉成的

在大家看來，哲學家要屬聰明智慧的人了。那麼，哲學家是怎樣煉成的呢？

在尼采看來，「要成為優秀的哲學家，就得冷酷無

情，眼光銳利和沒有幻想」。這也就是當他成了巴塞爾貴族的座上賓之後，毅然拒絕投入貴族懷抱的原因。因為在貴族圈子中他無法尋覓靈魂的寧靜。

一個人祇有充滿矛盾才會多產；祇有靈魂不疲沓，不貪圖安逸，才能永葆青春。（《善惡之彼岸》）

難以被理解的思想

哲學家總是比同時代人更具有遠見，說的話也更高深莫測，就像「最遙遠的星星發出的光，到達人類所需的時間也最長」一樣，「在它尚未到達時，人類否認遙遠的天際有星星」。

尼采在生前就已預感到他的思想很難被同時代人所接受，他曾感慨萬千道：

一種思想需要多少世紀才能被理解？（《善惡之彼岸》）

什麼是美

不同的人，對美的理解也不同。在尼采看來，美是生命強力的形象顯現，是人的自我肯定。

沒有什麼是美的，祇有人是美的：在這一簡單的真理上建立了全部美學，它是美學的第一真理。

人的美感與人的性欲強弱息息相關，藝術——

一方面是旺盛的肉體活力向形象世界的涌流噴射，另一方面是借助崇高生活的形象和意願對動物性機能的誘發；它是生命感的高漲，也是生命感的激發。（《悲劇的誕生》）

滾向虛無的思想

在民主啟蒙時期，科學得到極大發展，而人似乎變得虛弱了，沒有以前那麼強有力了。人群中出現了一種虛無思想。

人的自我貶低以及這種自我貶低的意志，難道不正是

在哥白尼以後不斷加劇的嗎？對人的尊嚴的信仰，對人的特性的確信消失了。……自哥白尼以後，人似乎被放置在了一個斜坡上，他已經越來越快地滾離中心位置了，他滾向了何方？滾向了虛無！（《論道德的譜系》）

虛無的意志

當普遍的生命在虛無的意志的影響下變得不真實，作為特殊生命的生命就變得具有反動性。

一切皆虛無，一切都已過去！……我們的水井都干涸，甚至於海浪也退去。土地想要開裂，但鉅壑並不吞咽我們！哎，何處還有人能夠沉沒的大海？……真的，我們甚至於變得倦怠於死亡。（《查拉圖斯特拉如是說》）

高處不勝寒

自從我尋求上升到高處，我便不再信任我自己，而且也無人再信任我；在高處時，我發現自己始終孤獨，無人對我說話；寂寞之寒霜令我顫抖。我在高處尋求什麼呢？

你仍然感到自己是高貴的，別人也仍感到你是高貴

的，儘管他們嫉恨你並投來邪惡的目光。要知道，一個高貴者對所有人而言都是路障。（《查拉圖斯特拉如是說——夜之歌》）

每個人都追求高貴，但又並非人人都能擁有，因此那些成功者注定寂寞。

嫉妒即崇拜

你超越他們而去，但你上升得越高，在嫉妒的眼睛裡你就顯得越小。（《查拉圖斯特拉如是說——創造者之道》）

被人嫉妒是一種幸事，證明你還有比別人強大之處。

嫉妒是另一種崇拜，低階的，未發生躍變的敬仰。

嫉妒得越深，渴望得越厲害，你在嫉妒者眼中的分量也就越重。嫉妒者希望他能和你一樣強大，卻不知這是上天賦予你的能力，你當繼續前進，超升。如空中之雄鷹，當你超越他越遠時，他仰望得越高，中傷之箭再也觸及不到你驕傲的尾巴。他還會向眾人說：「看那雄鷹，飛得多高！」

享受孤獨

尋覓者大都容易迷失自己。一切孤立都是錯的。

看哪，痛苦本是那共同的良知造就的；那良知最後的餘暉仍在你的苦惱之上閃爍。

但有朝一日孤獨將使你厭倦，有朝一日你的驕傲將會屈服，而你的勇氣將會消逝，有朝一日你會吶喊：「我孤獨啊！」（《查拉圖斯特拉如是說——創造者之道》）

孤獨，是一種高貴的情感，並非人人都能體驗。孤獨若不是因為內向，便往往是由於卓絕。浩渺宇宙，我從哪裡來，要到哪裡去，無人知曉。茫茫人海，知己何在？萬里江上，百年人生，以有涯人生對無涯宇宙，尋尋覓覓，欲說還休……感慨萬千，祇能化作「孤獨」二字。

王者的孤寂

許多太陽在荒涼的太空繞行，他們以其光明向一切黑暗者說話——可是對我，他們卻沉默著。

噢，這是光對一切發光者的敵意：它毫無憐憫地趕著它的路。

發自內心地對發光者不公，對其他太陽冷酷——每一

個太陽都如是行進。

拼命地閃耀著自己的火焰，卻依然感到寒冷無比，在高處，雖然萬眾矚目，卻又獨屬於王者的孤寂。（《查拉圖斯特拉如是說──夜之歌》）

寂寞殺人，情思刻骨，比寂寞更深的是孤寂，孤寂是一種令人敬而遠之的情緒，意志稍不夠堅強，就可能被它打敗。

在這個世俗社會，每個人免不了與他人交往，在交流的過程中體驗人生的快樂。然而有品質的交流是需要一定的素質的，每個人都害怕被他人拋在後面，於是個個都在拼命追逐，似乎越跑到前面，就有越多的人追隨，就會擺脫孤獨的命運。然而，當那些獨占鰲頭的人猛然回首，發現後面的人早已四散，他如一顆孤零零的珠子懸在上空，這時，他明白了什麼是「王者的孤寂」。

太陽是孤獨的，月亮是孤獨的，星星卻難以計數。

人生是個過程

人生如旅途，總要淌過沼澤，走過泥濘，越過高山，漂過大海。

人生之精彩莫過於揮毫意氣，領略沿途之無限風光。

我們總是向往「我在前面，我在上面」，並謹言慎行，唯恐風雨有阻。

攀登的過程，不是高處可怕，而是陡坡可怕。（《查拉圖斯特拉如是說——人之審慎》）

趟過沼澤的路途，也並非前面可怕，而是未知可怕。

沿途，我們虛榮，這難道本是一切的悲劇之母嗎？虛榮著我們的驕傲，也驕傲著我們的虛榮。

可是，驕傲在哪裡受傷，哪裡就生出某種比驕傲更好的東西。（《查拉圖斯特拉如是說——人之審慎》）

接受也是一種憐憫

難道給予者不應當因為接受者之接受而道謝嗎？贈與難道不是一種必需嗎？接受難道不是——憐憫？（《查拉圖斯特拉如是說——大渴望》）

通常，人們把接受者向給予者道謝看作理所當然，接

受了別人的贈與就得向別人點頭哈腰、面帶笑容、連聲稱讚；殊不知，有時候接受也是對給予者的一種尊重、一種成全，因為有接受者的存在，給予才成為可能。在這個過程中，給予者獲得了心理上的安慰和優越感，他們難道不應該感謝接受者嗎？

接受也是一種憐憫。

何為價值

我並非要向你們指明一種可以購買到的高貴，就如同商人一樣以黃金購買的高貴：因為一切有價格的東西都沒有什麼價值。（《查拉圖斯特拉如是說——新舊碑銘》）

黃金有價玉無價，這是什麼緣故呢？那些真正珍貴的東西，是不能用金錢來衡量的。

強者也有弱點

凡是強壯者虛弱之處，高貴者過於溫柔之處——它便建造了它可惡的巢穴；寄生蟲生活在偉大者有小創傷的地方。

什麼是一切存在的物種中最高貴的，什麼是最低賤的？寄生蟲是最低賤的物種；可是那屬於最高貴物種的人卻飼養了最多的寄生蟲。（《查拉圖斯特拉如是說——新舊碑銘》）

沒有所謂完全的強者，強中自有強中手，「阿基琉斯之踵」很好地詮釋了這個命題。

關於決鬥

決鬥，最早產生於西方。西方人，為愛情、為名譽、為政見，隨時都可能展開一場決鬥。決鬥手法由開始的刀劍也發展到後來的手槍。聽起來，這個詞充滿著浪漫色彩，也充滿著殘酷氣息。

人們的天性中，似乎都有鬥爭、戰鬥、與人為敵的種子。

侵略性的激情同樣屬於強者，正如復仇感和怨恨感必然是弱者的屬性一樣。——進攻者的力量在於他離不開敵對的關係，這是測定進攻者的尺度；力量的任何增長，都在尋求勁敵中顯示出來。他的使命不是克服一般的反抗，

而是要戰勝那些需要傾盡全力、韌性和武藝才能制服的人——戰勝實力相當的對手……勢均力敵——這是誠實的決鬥的首要條件。（《看哪，這人》）

清泉的甘甜

素食主義者，從感情上來說，是善良、珍愛生命的。有的人是因一種信仰而堅持素食主義，有的人是出於減肥健美，這屬於自由式的。

我，作為從經驗主義出發的反素食主義者，又能鄭重其事地勸告一切比較有靈性的人絕對戒酒，正像規勸過我的查理德·瓦格納一樣。喝清水也能達到同樣的目的……我特別喜愛隨時隨地都能汲取清泉的地方；我就像狗逐食一樣渴求一杯清泉。（《看哪，這人》）

清泉就是素食主義者的美酒！

心靈的天才

科學顯示，智商超過160的人，才能稱之為天才。天

才，不是後天可以學到的，它包括卓絕的創造力、想象力等。尼采就是這樣一個有著突出聰明才智、天賦過人的天才。

他（尼采）一言不發，雙目緊閉，在他臉上沒有引誘的顧盼和皺紋。他善於發現，這是他高超技藝的一部分——不是以本來面目出現，對他的追隨者來說，表現為強制，越來越近地逼近他，越來越內在地、徹底地追逐他。

他使一切喧囂和自鳴得意啞然失聲；他教誨服從，他使暴躁的靈魂安詳，並給予它們以新的享受要求——靜臥，如一面明鏡，使深邃的天宇映照其間。

他教誨魯莽笨拙之手變得穩重，把握起來更加妥帖；他可以猜到厚暗冰層下面的點滴財富和甜美的精神財富；他是探測長埋和禁錮在泥沙之下被人遺忘了的金粒的魔杖。

這位心靈的天才，接觸他的人都會受益匪淺。

由於接觸了他，人皆可滿載而歸，不是受寵若驚，不是為別人的好東西感到高興和壓抑，而是本身也富有，比

以往更新奇，大開其竅，為一陣和風所吹綻和竊知，也許更為不定，更為驕傲，更為脆弱，更為支離破碎，卻充滿希望，莫可名狀的希望，充滿新的意志和潮流，充滿了新的非意志和反潮流。（《超善惡》）

國家圖書館出版品預行編目資料

尼采幸福語錄 / 李靜著. -- 修訂 1 版. -- 新北市：
黃山國際出版社有限公司, 2023.05
　　　　　面；　　　公分. --（幸福語錄；01）
ISBN 978-986-397-136-8（平裝）
1.CST：尼采（Nietzsche, Friedrich Wilhelm, 1844-
1900）　2.CST：格言

108　　　　112003031

幸福語錄 001
尼采幸福語錄

著　　作	李靜	
印　　刷	百通科技股份有限公司	
	電話：02-86926066　傳真：02-86926016	
出　　版	黃山國際出版社有限公司	
	220 新北市板橋區縣民大道 3 段 93 巷 30 弄 25 號 1 樓	
	電話：02-32343788　　傳真：02-22234544	
E-mail	pftwsdom@ms7.hinet.net	
總 經 銷	貿騰發賣股份有限公司	
	新北市 235 中和區立德街 136 號 6 樓	
	電話：02-82275988　　傳真：02-82275989	
	網址：www.namode.com	
版　　次	2023 年 5 月修訂 1 版	
特　　價	新台幣 280 元（缺頁或破損的書，請寄回更換）	

ISBN：978-986-397-136-8